Wild

AUTORIN: SABINE VON IMHOFF | FOTOS: JÖRN RYNIO

Praxistipps

Extra

Rezepte

Kleine Wildkunde

Um sich an Feiertagen einen Wildbraten zu gönnen, muss man sich nicht selbst auf die Pirsch machen oder Jägerlatein pauken. Einige nützliche Basics zu Wild reichen.

Die Jagd auf wilde Tiere lässt sich bis in die Steinzeit zurückverfolgen. Sie war überlebenswichtig und lieferte dem Menschen neben Nahrung auch Kleidung und Werkzeug. Später wurde Wildfleisch ein Privileg des Adels und Klerus. Und bis heute ist Wildfleisch oder sogenanntes Wildbret etwas Besonderes geblieben, da es nur saisonal und in geringeren Mengen verfügbar ist. Außerdem hat die natürliche Ernährung der Tiere, ihre ständige Bewegung und das stressfreie Leben – im Vergleich zu Zuchttieren – eine sehr gute Fleischqualität zur Folge. Wildbret ist fettärmer als Zuchtfleisch und hat einen hohen Anteil an gesunden Fettsäuren und Mineralstoffen.

Rehwild Rehe sind wohl die bekannteste Wildart in der deutschen Küche. Aufgrund des großen Bestands stammen rund 80 Prozent der kleinsten Hirschart aus heimischen Revieren. Das beste Fleisch liefern einjährige Tiere. Es ist zart und kann sehr vielseitig zubereitet werden. Die Hauptjagdsaison reicht von Mai bis in den Januar.

Rotwild Aufgrund des häufig unangenehmen Fleischgeruchs und -geschmacks ist der Hirsch nur für Trophäenjäger von Interesse. In der Küche wird dagegen das kernige, dunkle Fleisch von Hirschkälbern und einjährigen Tieren bevorzugt. Rothirsche werden teilweise auch in Gehegen gehalten. Nachfragebedingt kommt Hirschfleisch zusätzlich aus Osteuropa, England oder Neuseeland. Die Hauptjagdzeit dauert von August bis ca. Januar.

Schwarzwild Mit diesem Begriff bezeichnet man unter Jägern schlicht Wildschweine. Sie sind die Urahnen des heutigen Hausschweins, aber ihr Fleisch ist fettärmer, fester und aromatischer als das von Zuchtschweinen und stammt zum Großteil aus heimischen Wäldern. Auch hier gilt: Das Fleisch junger Tiere, also von Frischlingen oder einjährigen, sogenannten Überläufern, schmeckt am besten. Beide werden das ganze Jahr gejagt.

Feldhasen und Wildkaninchen Letztere stellen eine eigene Gattung dar und sind kleiner als Feldhasen. Ihr Fleisch ist fast rosafarben, zart und reicht für 2-3 Portionen. Feldhasen oder Waldhasen haben dunkles, rotbraunes, würziges Fleisch für 4-5 Portionen. Bei uns ist die Population beider Gattungen stark zurückgegangen. Darum stammt der größte Teil des Fleischs aus Argentinien. Kaninchen werden das ganze Jahr, Hasen von Oktober bis Januar gejagt.

Federwild Für die heimische Küche ist nur ein kleiner Teil des essbaren Wildgeflügels interessant. Dazu zählen Fasane, Wachteln, Rebhühner, Tauben, Wildgänse und -enten. Durch die Landwirtschaft gibt es leider kaum noch Lebensraum für diese Wildvögel. Darum stammt der Großteil des Angebots aus Geflügelfarmen. Junges Wildgeflügel gilt als besondere Delikatesse. Fleisch von älteren Tieren ist fester und nicht so zart.

Waidmannsheil! – oder auf zum Wildfachhändler

Frisches Wild heimischer Herkunft ist nur zu den Jagdzeiten von Anfang Mai bis Ende Januar verfügbar. Bezugsadressen von Jägern in Ihrer Nähe finden Sie im Internet oder können bei den Jagdverbänden des jeweiligen Bundeslandes erfragt werden. Der Direktbezug ist nicht nur am preisgünstigsten, er garantiert auch frische Fleischqualität. Ganze Tiere werden gegen einen geringen Aufpreis auch zerlegt. Hygienestandards und Warenkunde sind beim Direktvermarkter gesetzlich vorgeschrieben und Bestandteil der Jägerausbildung.

Reine Wildhändler gibt es fast nur noch in größeren Städten. In den Lebensmittelabteilungen großer Warenhäuser oder im Feinkosthandel wird frisches Wild das ganze Jahr über angeboten. Das Fleisch stammt dann häufig aus Gehegen, Zuchtbetrieben oder wird aus anderen Ländern importiert.

Tiefgefrorenes Wild ist ganzjährig zu haben. Häufig sind es Importe aus Osteuropa oder Neuseeland mit sehr guter Qualität. Tiefkühlen kann sogar die Fleischqualität von in der Paarungszeit erlegten Hirschen positiv verändern: Frisch ist es aufgrund von geschmack- und geruchsverändernder Hormone ungenießbar. Nach mehreren Monaten tiefkühlen ist dieser Geschmack aber nicht mehr zu erkennen.

Rehrücken auslösen

Der zarte Rücken oder sogenannte Ziemer ist nicht nur vom Reh beliebt. Aber egal, von welchem Wild der Rücken stammt – die Handgriffe sind beim Auslösen die gleichen.

1 Den Rehrücken mit der Fleischseite nach unten auf die Arbeitsplatte legen und die Rehfilets – die sogenannten »echten Filets« – mit einem scharfen spitzen Messer (am besten ein Ausbeinmesser verwenden) links und rechts des Rückgrats lösen. Dann die Filets mit kleinen Schnitten links und rechts des Rückgrats vorsichtig herunter schneiden. Den Rehrücken wenden und die locker sitzenden dünnen Häutchen entfernen, möglichst ohne das Fleisch zu verletzen.

2 Den Rehrücken auf einer Seite mit einem spitzen Messer entlang des Rückgrats bis auf den Knochen einschneiden. Dabei am Hals beginnend die Messerklinge unter stetigem Kontakt am Knochen entlangführen und das Fleisch mit kurzen Schnitten nach und nach vom Knochen lösen. Bereits gelöstes Fleisch zum weiteren Auslösen vom Gerippe wegziehen und das Filet komplett vom Knochen trennen. Mit der anderen Seite genauso verfahren.

3 Vor der Weiterverarbeitung muss noch die fest auf dem Rückenfilet sitzende sogenannte Silberhaut entfernt werden. Dafür die Klinge des Messers, am unteren Ende des Filets beginnend, unter die Haut führen. Um das Fleisch nicht zu verletzen, die Haut mit leichtem Zug anheben und zum Halsende hin nach und nach hauchdünn vom Fleisch trennen. Feine Sehnen und Bindegewebsreste in derselben Weise ablösen.

Entbeinen und Auslösen einer Keule

Eine entbeinte Keule liefert Fleischstücke zum Kurzbraten oder lässt sich als Braten einfacher tranchieren. Hohl ausgelöst rückt anstelle des Knochens eine leckere Füllung.

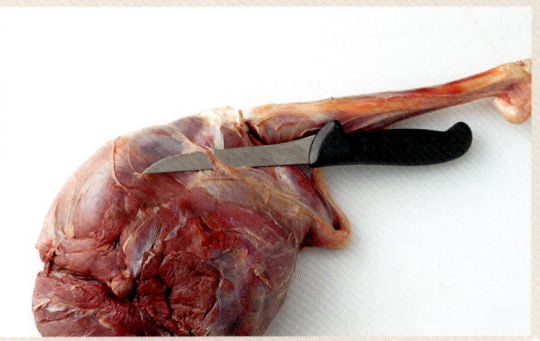

1 Die lockeren Häutchen und Fettanteile auf der Keule mit einem scharfen, spitzen Messer (am besten ein Ausbeinmesser verwenden) ringsherum entfernen. Dann die Keule mit der gewölbten Seite nach unten auf die Arbeitsplatte legen. Ist der Beckenknochen noch vorhanden, diesen erst mit dem Messer anlösen, dann mit einer Hand festhalten und mit Schnitten am Knochen entlang aus dem Fleisch und Gelenk lösen. Hierfür das Hüftgelenk mit einem kräftigen Messer »knacken«.

2 Nach Bedarf den Unterschenkel mit dem Messer von der Keule abtrennen. Dann den Oberschenkelknochen ertasten. Entlang dem Knochen das Fleisch bzw. Muskelgewebe bis zum Knochen einschneiden und den Knochen freilegen. Den Knochen am Gelenkkopf anheben. Mit dem Messer dicht am Knochen entlangschneiden und den Knochen so aus dem Fleisch lösen. Die entbeinte Keule von sichtbaren Nerven- und Blutgefäßsträngen entfernen.

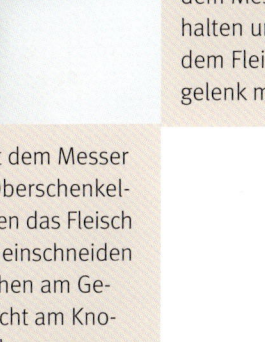

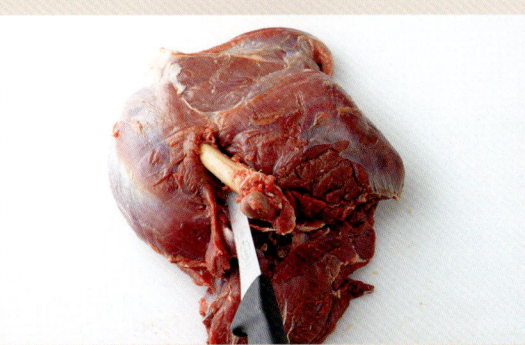

3 Um die Keule hohl auszulösen (s. Rezept S. 56), das Fleisch vom Unterschenkelknochen ablösen und diesen im Kniegelenk abtrennen. Nun den Gelenkkopf mit dem Ausbeinmesser rundherum freischneiden. Den Gelenkkopf fassen und das Fleisch in Richtung Kniegelenk rundherum vorsichtig vom Knochen schneiden. Zuletzt den Knochen unter sanftem Drehen lösen und herausziehen.

Wildfond

Bei vielen Wildgerichten ist eine leckere Sauce das i-Tüpfelchen. Die beste Grundlage dafür ist ein selbst gekochter Fond aus vielen aromatischen Zutaten.

1 Bund Suppengemüse | 75 g durchwachsener Räucherspeck | 15 Wacholderbeeren | 15 weiße Pfefferkörner | 5 Pimentkörner | 3 Nelken | 2 Lorbeerblätter | 15 g getrocknete Pilze | 2 kg klein gehackte Wildknochen (mit Fleisch daran, z. B. Bauchlappen und Nacken) | 2 EL Butterschmalz | 2 EL Tomatenmark | 3 Zweige Thymian | 750 ml Rotwein

Ergibt ca. 1 ¾ l Fond

1 Gemüse waschen, putzen, bei Bedarf schälen und zusammen mit dem Speck grob würfeln. Gewürze und Pilze im Mörser zerstoßen. Knochen mit kaltem Wasser abbrausen und trocken tupfen. Butterschmalz in einem großen Bräter erhitzen. Knochen darin bei starker Hitze nacheinander in 3 Portionen rundherum braun anbraten (Bild 1), herausnehmen. Gemüse und Speck im heißen Fett unter Rühren ebenfalls braun anbraten.

2 Tomatenmark, zerstoßene Gewürze, Pilze und Thymian unter Rühren ca. 1 Min. mitbraten. Knochen zufügen. Mit Rotwein und 2–2 ½ l kaltem Wasser auffüllen, bis die Knochen eben bedeckt sind (Bild 2). Mit halb aufgelegtem Deckel, bei kleinster Hitze 2–3 Std. köcheln, bis sich das Fleisch von den Knochen löst.

3 Fond mit einem Schöpflöffel nach und nach durch ein feines Sieb in einen großen Topf gießen, langsam ablaufen lassen, Gemüse und Knochen wegwerfen (Bild 3). Fond als Saucen- oder Suppengrundlage (s. Rezept S. 9) weiterverarbeiten.

TIPP FOND AUS DEM VORRAT
Nicht verwendeter Fond kann eingefroren oder heiß in saubere Schraubgläser gefüllt einige Tage aufbewahrt werden. Portionen von 400 ml entsprechen der Menge eines gekauften Fonds aus dem Glas und finden häufig in Rezepten Verwendung.

Wildsauce

Mit dieser feinen Sauce stehen Sie einem Profikoch in nichts nach! Alles was Sie dafür brauchen, ist ein (selbst gemachter) Wildfond als Grundlage und ein bisschen Geduld.

25 g Butter | je 1 große Möhre und Petersilienwurzel | 3 Frühlingszwiebeln | 300 g Wildfleisch | 6 weiße Pfefferkörner | 6 Wacholderbeeren | 1 EL Thymianblättchen | 1 TL Salz | 4 Eiweiß | 4 zerstoßene Eiswürfel | 1,2 l Wildfond (Rezept S. 8) | 1 ½ EL Speisestärke

Butter würfeln und tiefkühlen. Gemüse waschen, putzen, bei Bedarf schälen und grob würfeln. Fleisch grob würfeln, mit Gemüse, Pfeffer und Wacholderbeeren portionsweise im Blitzhacker zerkleinern (Bild 1). Fleisch, Thymian, Salz, Eiweiße und Eis in einem Topf mischen (Bild 2). Fond dazugießen, zum Kochen bringen, dabei am Topfboden rühren, damit das Eiweiß nicht ansetzt. Offen bei kleiner Hitze ca. 30 Min. köcheln. Brühe durch ein feines Sieb in einen Topf gießen, erhitzen. Stärke mit einem Schuss kaltem Wasser anrühren, in die kochende Flüssigkeit geben (Bild 3) und 2–3 Min. einkochen, bis die Sauce bindet, vom Herd nehmen. Butterwürfel unterrühren.

VARIANTE – FIXE SAUCE

25 g Butter | 500–600 g Knochen und Wildfleischabschnitte (Häutchen, Sehnen) | 2 EL Öl | 10 Wacholderbeeren | 50 g TK-Suppengemüse | 4 Zweige Thymian | 1 EL Tomatenmark | 200 ml Rotwein | 800 ml Wildfond (aus dem Glas oder Rezept S. 8) | 1 EL Speisestärke | Salz | Pfeffer

Butter würfeln und in das Tiefkühlfach legen. Knochen abbrausen, trocken tupfen. Mit Fleischabschnitten im heißen Öl in einer großen Pfanne bei starker Hitze unter Rühren braun anbraten. Wacholderbeeren andrücken und mit Suppengemüse, Thymian und Tomatenmark zufügen, kurz mitbraten. Mit Rotwein ablöschen. Bei starker Hitze offen in 5–10 Min. auf die Hälfte einkochen. Wildfond zufügen, sprudelnd in 10–15 Min. auf die Hälfte einkochen. Die Sauce durch ein feines Sieb passieren und, wie oben beschrieben, mit Speisestärke und Butter binden, mit Salz und Pfeffer abschmecken.

Zum Auftakt wird's Wild

Appetit auf wilde Besonderheiten? Dann sind Sie hier genau richtig! Terrinen, Rillettes und Kraftbrühen vom Wild sind immer ein Gaumen- und Augenschmaus als Menü-Auftakt oder auf dem Büfett. Aber auch internationale Klassiker wie Burger und Wan-Tans werden mit Wildfleisch zu raffinierten Snacks und Vorspeisen.

Wildburger

250 g Schalotten
1 Knoblauchzehe
200 g grüner Speck (ungeräucherter roher Rückenspeck vom Schwein)
2 EL Butterschmalz
600 g Wildhackfleisch (vom Reh oder Hirschkalb)
4 EL Semmelbrösel
2 Eier (Größe M) | 1 TL Senf
1 TL abgeriebene Bio-Orangenschale
1 EL Thymianblättchen
1 EL gehackter Rosmarin
Salz | frisch gemahlener Pfeffer

Für 4 Personen | ⏲ 40 Min. Zubereitung
Pro Portion 750 kcal, 68 g EW, 46 g F, 6 g KH

1   Schalotten und Knoblauch schälen und fein hacken. Speck durch den Fleischwolf drehen oder im Blitzhacker zerkleinern. ½ EL Butterschmalz in einer großen Pfanne erhitzen. Schalotten und Knoblauch darin glasig dünsten. Zusammen mit Fleisch, Speck, Semmelbröseln, Eiern, Senf, Orangenschale und Kräutern in eine Schüssel geben und verkneten. Mit Salz und Pfeffer würzen.

2   Aus dem Fleischteig vier ca. 2 cm dicke Burger formen. Restliches Butterschmalz in der Pfanne erhitzen. Die Burger von beiden Seiten bei starker Hitze ca. 1 Min. anbraten. Bei kleiner Hitze auf jeder Seite in 5–7 Min. fertig braten.

SERVIERTIPP
4 Scheiben Bauernbrot mit Butter bestreichen. Brot mit Salatblättern, Radieschen- und Senfgurkenscheiben und je 1 Burger belegen. Vor dem Servieren mit einer Vinaigrette aus Essig, Öl, Salz und Pfeffer beträufeln.

edle Vorspeise

Reh-Consommé mit Wildklößchen

Eine Kraftbrühe oder sogenannte Consommé ist leicht und appetitanregend und damit als feine Vorspeise für jedes Menü optimal geeignet.

Für die Consommé:
300 g Rehfleisch (aus der Schulter)
2 kleine Möhren (ca. 100 g)
3 Petersilienwurzeln (ca. 100 g)
1 kleine Stange Lauch (ca. 100 g)
3 Nelken | 10 Wacholderbeeren
4 Eiweiß | 4 zerstoßene Eiswürfel
1 ¾ l Wildfond (aus Rehknochen,
s. Rezept S. 8)

Für die Rehklößchen:
250 g Rehfleisch (aus der Schulter)
Salz | frisch gemahlener Pfeffer
1 Schalotte
1 Knoblauchzehe
4 Stiele Petersilie
1 Ei (Größe M)
50 g kalte Sahne
3 EL Semmelbrösel
1 EL Senf
½ TL gemahlener Piment

Für 8 Personen | ⏲ 1 Std. 30 Min. Zubereitung
Pro Portion ca. 140 kcal, 19 g EW, 5 g F, 2 g KH

1 Rehfleisch von Häutchen befreien und grob würfeln (Bild 1). Das Gemüse waschen, putzen, bei Bedarf schälen und grob würfeln. Fleisch, Gemüse und Gewürze durch die grobe Scheibe des Fleischwolfs drehen oder mit dem Blitzhacker zerkleinern (Bild 2). In einen großen Topf geben und mit Eiweißen und Eiswürfeln vermengen.

2 Den Fleischteig mit dem Fond aufgießen und bei kleiner Hitze zum Kochen bringen. Dabei mit einem Bratenwender am Topfboden rühren, damit das Eiweiß nicht ansetzt. Sobald die Brühe aufkocht und sich ein Fleischkuchen an der Oberfläche absetzt (Bild 3) nicht mehr rühren. Bei kleinster Hitze ca. 30 Min. ziehen lassen. Anschließend ein Sieb mit einem sauberen Geschirrtuch auslegen. Consommé durch das Sieb in einen Topf gießen.

3 Für die Klößchen das Rehfleisch grob würfeln, mit Salz und Pfeffer würzen und bis zur Weiterverarbeitung ins Gefrierfach geben. Schalotte und Knoblauch schälen, fein hacken. Die Petersilie waschen, trocken schütteln und fein hacken. Das kalte Fleisch durch die feine Scheibe des Fleischwolfs drehen oder mit dem Blitzhacker zerkleinern. Schalotte, Knoblauch, die Hälfte der Petersilie, Ei, Sahne, Semmelbrösel, Senf und Piment zum Fleisch geben und verkneten. Mit Salz und Pfeffer würzen.

4 Aus dem Fleischteig ca. 24 Klößchen formen (Bild 4). In einem weiten Topf ca. 250 ml der Consommé erhitzen. Rehklößchen in die Flüssigkeit geben und offen bei kleiner Hitze in 8–10 Min. gar ziehen lassen. Inzwischen die restliche Brühe in einem großen Topf erhitzen, mit Salz und Pfeffer würzen und bei kleiner Hitze köcheln. Fertige Klößchen in vorgewärmte Suppentassen verteilen. Klößchenbrühe durch ein Sieb zur Consommé gießen und die Consommé in die Suppentassen füllen. Mit der restlichen Petersilie bestreut servieren (Bild 5).

zarte Versuchung

Rehfilets auf Steinpilzen

2 Stiele glatte Petersilie
400 g Steinpilze
1 Knoblauchzehe
4 EL Butter
3 EL Olivenöl
Salz | frisch gemahlener Pfeffer
4 »echte« Rehfilets (à ca. 70 g; s. S. 6)
50 ml Cassislikör (Schwarzer Johannisbeerlikör,
ersatzweise 1 EL Johannisbeergelee)
100 g Sahne
¼ TL gekörnte Gemüsebrühe

Für 4 Personen | ⏱ 40 Min. Zubereitung
Pro Portion ca. 380 kcal, 21 g EW, 28 g F, 9 g KH

1 Petersilie waschen, trocken schütteln und
Blättchen abzupfen. Pilze putzen, bei Bedarf mit
einem Tuch abreiben und in 0,5 cm dicke Scheiben schneiden. Knoblauch schälen, halbieren und
eine Pfanne damit ausreiben. Butter mit 2 EL Öl
in 2–3 Portionen in der Pfanne erhitzen und die
Steinpilze darin portionsweise bei mittlerer Hitze in
je 3–5 Min. goldbraun braten. Mit Salz und Pfeffer
würzen, aus der Pfanne nehmen und warm stellen.

2 Das restliche Öl in der Pfanne erhitzen. Filets
salzen, pfeffern und darin bei mittlerer Hitze rundherum in 2–3 Min. rosa braten. Aus der Pfanne
nehmen, warm stellen. Den Bratfond mit Cassislikör
und Sahne ablöschen. Bei starker Hitze einmal aufkochen. Mit Gemüsebrühe, Salz und Pfeffer würzen.
Die Steinpilze mit Filets und Sauce anrichten und
mit Petersilie bestreut servieren. Dazu passt Feldsalat mit Radicchio und Balsamico-Dressing.

Herbstgruß

Maronensuppe mit Ente

1 Stange Staudensellerie (ca. 100 g)
4 Stiele Petersilie
1 EL Butter
250 g gegarte Maronen (vakuumverpackt)
400 ml Wildfond (aus dem Glas oder Rezept S. 8)
1 ganze Wildentenbrust (ohne Haut;
ca. 160–200 g)
Salz | frisch gemahlener Pfeffer
½ EL Butterschmalz | 200 g Sahne
2 EL weißer Portwein (nach Belieben)

Für 4 Personen | ⏱ 35 Min. Zubereitung
Pro Portion ca. 360 kcal, 12 g EW, 21 g F, 25 g KH

1 Den Sellerie waschen, putzen und in sehr feine
Scheiben schneiden. Petersilie waschen, trocken
schütteln, Blättchen abzupfen und fein hacken.
Butter in einem Topf erhitzen, darin Sellerie und
Maronen bei mittlerer Hitze 2–3 Min. dünsten. Den
Wildfond angießen und zugedeckt bei kleiner Hitze
ca. 15 Min. köcheln lassen.

2 Die Entenbrust salzen und pfeffern. Butterschmalz in einer Pfanne erhitzen, darin die
Entenbrust bei mittlerer Hitze von jeder Seite in
je 6–8 Min. goldbraun braten. Fleisch in Alufolie
wickeln und ruhen lassen.

3 Die Suppe mit 125 g Sahne und Portwein mit
einem Pürierstab sehr fein pürieren. Salzen und
pfeffern. Übrige Sahne steif schlagen. Fleisch in feine Scheiben schneiden. Den ausgetretenen Fleisch-
saft und Sahne unter die Suppe rühren. Suppe in
Teller verteilen. Entenbruststreifen darauf anrichten
und Petersilie darüberstreuen.

raffiniert | asiatisch inspiriert

Wan-Tans mit Rotkohlsalat

Kein billiger Chinaimport! Mit heimischem Wildfleisch gefüllt und mit Rotkohlsalat
als Beilage gehören sie jetzt zu uns wie andere Teigtaschen zu Italien.

Für den Salat:

1 kg Rotkohl

160 ml Himbeeressig

8 EL Walnussöl

2 EL Meerrettich (aus dem Glas)

4 EL Kirschmarmelade

Salz | frisch gemahlener Pfeffer

Für die Wan-Tans:

1 Päckchen Wan-Tan-Blätter
(250 g; aus dem Asienladen)

5 Frühlingszwiebeln

1 Bund Thymian

1 Chilischote

350 g Frischlingsfleisch (aus Schulter
oder Keule)

2 EL süße Chilisauce (aus dem
Asienladen)

1 EL Sojasauce

1 Ei (Größe M)

50 g Walnusskerne

100 g Butter

Für 8 Personen | ⏲ 1 Std. 30 Min. Zubereitung
Pro Portion ca. 460 kcal, 15 g EW, 30 g F, 30 g KH

1 Wan-Tan-Blätter auftauen lassen. Für den Salat
die äußeren welken Blätter vom Rotkohl entfernen.
Kohl vierteln, Strunk entfernen und den Kohl in
feine Streifen schneiden. Mit Himbeeressig, Walnussöl, Meerrettich und Kirschmarmelade mischen.
Salzen, pfeffern und durchziehen lassen.

2 Für die Wan-Tans die Frühlingszwiebeln
waschen, putzen und in feine Ringe schneiden.
Thymian waschen, trocken schütteln und Blättchen
abzupfen. Chilischote waschen, längs halbieren,
entkernen und in feine Stücke schneiden. Fleisch
von Häutchen befreien, in Würfel schneiden und
mit den Chilistücken durch die feine Scheibe
des Fleischwolfs drehen oder im Blitzhacker fein
hacken. Zwiebeln, 2 EL Thymianblättchen, Chili-
und Sojasauce unter das Hack mischen. Kräftig mit
Salz und Pfeffer würzen.

3 Wan-Tan-Blätter nebeneinanderlegen. Je 1 TL der
Füllung auf die Mitte der Blätter setzen (Bild 1). Das
Ei verquirlen und die Teigränder damit bepinseln.
Die diagonalen Teigecken nacheinander über der
Füllung zusammenlegen. Alternativ dazu Wan-Tans
zu Dreiecken zusammenfalten und die Ränder mit
den Fingern fest zusammendrücken.

4 Zum Dämpfen in einem Wok oder Topf Salzwasser aufkochen lassen. Dämpfeinsatz oder Dämpf-
körbchen fetten, Wan-Tans portionsweise neben-
einander hineinsetzen (Bild 2) und zugedeckt bei
mittlerer Hitze je 12–15 Min. dämpfen.

5 Walnüsse grob hacken. Rotkohlsalat abschmecken und auf Tellern verteilen. Butter in einer
beschichteten Pfanne bei mittlerer Hitze aufschäu-
men. Wan-Tans portionsweise kurz darin erwärmen,
auf dem Salat verteilen und mit Nüssen und restlichem Thymian bestreut servieren (Bild 3).

1

2

3

geht schnell

Wachtelbrüstchen mit Mango-Bulgur

1 Bund Kerbel
300 ml Hühnerbrühe
125 g Bulgur
1 Mango (ca. 600 g)
2 EL Kokosmilch
½ TL Currypulver
Salz | frisch gemahlener Pfeffer
12 Wachtelbrüstchen (küchenfertig; à ca. 60 g)
2 EL Olivenöl
2 EL Butter
3 EL Orangenlikör (ersatzweise Orangensaft)

Für 4 Personen | ⊚ 30 Min. Zubereitung
Pro Portion ca. 510 kcal, 43 g EW, 16 g F, 41 g KH

1 Kerbel waschen, trocken schütteln, Blättchen abzupfen und grob hacken. Brühe in einem Topf zum Kochen bringen, Bulgur einstreuen und zugedeckt bei kleiner Hitze 10 Min. köcheln. Vom Herd nehmen und ca. 5 Min. quellen lassen. Inzwischen Mango schälen, Fruchtfleisch vom Kern schneiden und ca. 1½ cm groß würfeln. Mit Kerbel, Kokosmilch und Currypulver unter den Bulgur heben. Mit Salz und Pfeffer würzen

2 Wachtelbrüstchen mit Küchenpapier abreiben, salzen und pfeffern. Öl in einer großen Pfanne erhitzen, Brüstchen darin bei mittlerer Hitze auf beiden Seiten in je 2–3 Min. goldbraun anbraten. Fleisch herausnehmen und warm halten. Butter und Orangenlikör zum Bratfett geben, bei großer Hitze einmal aufkochen. Wachtelbrüstchen und Bulgur auf Tellern verteilen und mit Sauce beträufeln.

winterlich | einfach

Wintersalat mit Wildhasenfilets

1 Radicchiosalat (ca. 300 g)
250 g Feldsalat
250 g kernlose Trauben
60 g Walnusskerne
4 Wildhasenfilets (á ca. 125 g)
Salz | frisch gemahlener Pfeffer
6 EL Olivenöl
400 ml Wildfond (aus dem Glas oder Rezept S. 8)
1/2 EL Speisestärke
3 EL Cassislikör (Schwarzer Johannisbeerlikör; ersatzweise 1 EL Schwarzes Johannisbeergelee)
2 EL Walnussöl | 3 EL Aceto balsamico

Zutaten für 4 Personen | ⊚ 40 Min. Zubereitung
Pro Portion ca. 420 kcal, 24 g EW, 27 g F, 16 g KH

1 Radicchio- und Feldsalat putzen, waschen und in mundgerechte Stücke zupfen. Trauben waschen, halbieren. Nüsse grob hacken.

2 Backofen samt einer ofenfesten Form auf 200° vorheizen. Fleisch von Häutchen befreien, salzen und pfeffern und in einer Pfanne in 2 EL heißem Olivenöl auf beiden Seiten in je 2–3 Min. goldbraun anbraten. In der Form im Ofen (Mitte, Umluft nicht empfehlenswert) offen in 8–10 Min. rosa garen.

3 Fond in die Pfanne geben und bei starker Hitze in ca. 8 Min. auf die Hälfte einköcheln. Stärke mit Likör anrühren, in die kochende Flüssigkeit rühren und 2–3 Min. einkochen, bis die Sauce bindet, salzen und pfeffern. Salat, Trauben, Nüsse, Öle und Essig vermengen, salzen und pfeffern. Salat mit aufgeschnittenen Filets und Sauce anrichten.

edler Klassiker für Gäste

Wildterrine

Terrinen sind Pasteten ohne Teigmantel. Das zerkleinerte Fleisch – die sogenannte
Farce – wird direkt in der Form gegart, die zuvor mit Speckscheiben ausgelegt wird.

30 g getrocknete Steinpilze
250 g grüner Speck (ungeräucherter roher
Rückenspeck vom Schwein)
75 g durchwachsener Räucherspeck
300 g Reh- oder Hirschkalbfleisch
(aus der Schulter)
200 g Hühnerlebern
20 Wacholderbeeren | 1 TL gemahlener Piment
1 EL Thymianblättchen
3 EL Preiselbeeren (aus dem Glas)
3 EL Orangenlikör (nach Belieben)
2 »echte« Reh- oder Hirschkalbfilets (à ca. 70 g;
s. S. 6)
Salz | frisch gemahlener Pfeffer
2 EL Butterschmalz
6 Scheiben grüner Speck (zum Auslegen der Form)
125 g getrocknete Cranberrys
60 g gehackte Pistazienkerne

Für 1 Pastetenform (1,5 l Inhalt) | ca. 18 Scheiben
◎ 1 Std. Zubereitung
3 Std. Marinieren | 1 Std. Garen | 1–2 Tage Ruhen
Pro Scheibe ca. 330 kcal, 11 g EW, 28 g F, 8 g KH

1 Pilze in 125 ml Wasser einweichen. Beide Speck-
sorten, Wildfleisch und Hühnerlebern ca. 1,5 cm
groß würfeln. Speck in einer heißen Pfanne auslassen, herausnehmen und beiseitestellen. Zuerst das
Fleisch, dann die Hälfte der Lebern im heißen Bra-
tenfett bei starker Hitze unter Rühren je ca. 2 Min.
anbraten. Wacholderbeeren im Mörser andrücken.
Fleisch, gebratene Lebern, Gewürze, Thymian, Prei-

selbeeren und Orangenlikör zum Fleisch geben,
alles vermengen und abgedeckt 3 Std. im Kühlschrank marinieren.

2 Fleisch und Lebern aus der Marinade nehmen
und bis zur Weiterverarbeitung in das Tiefkühlfach
geben. Die Filets salzen und pfeffern. Butterschmalz
in einer Pfanne erhitzen. Erst die Filets, dann die
restlichen rohen Lebern bei großer Hitze unter Rühren je 2–3 Min. anbraten, herausnehmen, salzen und
pfeffern. Die Pilze samt Einweichwasser in der Pfanne
bei mittlerer Hitze dünsten, bis alle Flüssigkeit verdampft ist. Die Pastetenform quer mit Speckscheiben auslegen (Bild 1), Enden überhängen lassen.

3 Backofen auf 80° vorheizen. Kaltes Fleisch und
Leber kräftig mit Salz und Pfeffer würzen und durch
die feine Scheibe des Fleischwolfs drehen oder in
3 Portionen im Blitzhacker zu einer feinen Farce pürieren. Die restlichen gebratenen Lebern, Cranberrys
und Pistazien unter die Farce mengen (Bild 2). Die
Hälfte der Masse in die Form füllen, die Filets drauf-
legen (Bild 3), die restliche Farce darauf verteilen.
Mit den überhängenden Speckscheiben bedecken.

4 Die Form in einen hohen Bräter stellen und so
viel (kochend) heißes Wasser dazugießen, dass
sie zu drei Viertel im Wasser steht (Bild 4). Im Ofen
(unten, Umluft nicht empfehlenswert) ca. 1 Std.
offen garen. Den Bräter herausnehmen und die Terrine im Wasserbad abkühlen lassen, herausheben
und 1–2 Tage zugedeckt im Kühlschrank durchziehen lassen. Die Terrine lösen, stürzen und in Scheiben schneiden (Bild 5).

Klassiker aus Frankreich

Wildenten-Rillettes

2 Schalotten | 1 Knoblauchzehe
3 kleine Möhren (ca. 150 g)
2 Stangen Sellerie (ca. 300 g)
1 große Birne (ca. 200 g)
2 Wildenten (à ca. 800 g)
Salz | frisch gemahlener Pfeffer
2 EL Butterschmalz
100 g gewürfelter geräucherter Schinkenspeck
3 EL gehackte Majoranblättchen
150 ml roter Portwein (ersatzweise Traubensaft)
400 ml Wildfond (aus dem Glas oder Rezept S. 8)
je ¼ TL Zimtpulver, gemahlene Nelken und frisch
geriebene Muskatnuss

Für 1 Pastetenform (1,5 l Inhalt) | ca. 10 Portionen
🕐 1 Std. Zubereitung
1 Std. 30 Min. Garen | 24 Std. Kühlen
Pro Portion ca. 370 kcal, 26 g EW, 25 g F, 5 g KH

1 Schalotten und Knoblauch schälen, Gemüse und Birne waschen, schälen, putzen und grob würfeln. Enten waschen, trocken tupfen, salzen und pfeffern und im heißen Schmalz rundherum anbraten. Schalotten, Knoblauch, Speck, Majoran, Gemüse- und Birnenwürfel zufügen, ca. 3 Min. mitbraten. Mit Portwein und Fond ablöschen. Zugedeckt bei kleiner Hitze ca. 1 Std. 30 Min. schmoren.

2 Enten aus dem Bräter nehmen. Schmorfond offen bei mittlerer Hitze sämig einköcheln. Schmorgemüse mit dem Kartoffelstampfer zerdrücken. Fleisch von den Knochen lösen, zerpflücken und mit der Gemüsemasse und Gewürzen vermengen. Salzen und pfeffern. In der Form abgedeckt 1 Tag kühl stellen. Nach Belieben mit Granatapfelkernen garnieren.

für den Vorrat

Wildschwein-Terrine

700 g Wildschweinfleisch (aus Nacken oder Keule)
2 mittelgroße Zwiebeln | 4 Knoblauchzehen
250 g grüner Speck (ungeräucherter roher
Rückenspeck vom Schwein)
1 TL Wacholderbeeren
1 getrocknete Chilischote
2 Eier (Größe M) | 100 g Sahne
4 EL Orangenlikör (nach Belieben)
2 EL Orangenmarmelade
1 TL gemahlener Piment
je 1 Msp. Zimtpulver, gemahlene Nelken und
frisch geriebene Muskatnuss
Salz | frisch gemahlener Pfeffer

Für 3 Weckgläser (à 500 ml)
🕐 30 Min. Zubereitung | 2 Std. Garen
Pro Glas ca. 1 250 kcal, 55 g EW, 105 g F, 18 g KH

1 Fleisch von Häutchen befreien. Zwiebeln und Knoblauch schälen und mit Fleisch und Speck grob würfeln. Mit Wacholder und Chili durch den Fleischwolf drehen oder portionsweise mit dem Blitzhacker fein zerkleinern. Gummiringe der Weckgläser in warmes Wasser legen.

2 Fleischmasse mit Eiern, Sahne, Orangenlikör und -marmelade verrühren. Mit Gewürzen, Salz und Pfeffer kräftig würzen. Masse in die sauberen Gläser verteilen und auf die Arbeitsfläche stoßen, damit eventuelle Luftblasen entweichen. Gläser mit Gummiringen und Klammern verschließen, in einen hohen Topf stellen, vollständig mit Wasser bedecken und zugedeckt bei kleiner Hitze in 2 Std. garen. Im Wasser abkühlen lassen. Im Kühlschrank ca. 3 Monate haltbar.

Zarte Verführer

In diesem Kapitel zeigt sich Wildfleisch von einer besonders zarten Seite. Fettarme Stücke aus dem Rücken bleiben beim Kurzbraten in der Pfanne und beim Niedrigtemperaturgaren im Ofen schön saftig. Fleisch aus der Schulter und der Keule wird durch Schmoren wunderbar weich. Sogar bei hohen Temperaturen auf dem Grill ist ein zarter Erfolg garantiert.

Hirschgeschnetzeltes

800 g Hirschfleisch (aus der Keule)
1 mittelgroße Zwiebel
3 EL Öl
400 ml Wildfond (aus dem Glas oder Rezept S. 8)
400 ml Apfelsaft
2 große Möhren (ca. 250 g)
3 Stangen Staudensellerie (ca. 250 g)
1 EL Speisestärke
Salz | frisch gemahlener Pfeffer
1 Msp. Chilipulver
4 EL gehackte Petersilie

Für 4 Personen
🍲 30 Min. Zubereitung | 1 Std. Garen
Pro Portion ca. 400 kcal, 43 g EW, 16 g F, 19 g KH

1 Hirschfleisch von Häutchen befreien und in 0,5–1 cm breite Streifen schneiden. Zwiebel schälen und fein hacken. Öl in einer Pfanne erhitzen, darin das Fleisch in 4 Portionen bei großer Hitze braun anbraten. Gesamtes Fleisch mit Zwiebel in der Pfanne unter Rühren weitere ca. 2 Min. braten. Wildfond und Apfelsaft angießen und aufkochen. Zugedeckt bei kleiner Hitze ca. 40 Min. schmoren.

2 Inzwischen Möhren waschen, putzen, schälen und in 0,5 cm feine Scheiben schneiden. Sellerie waschen und in 0,5 cm große Stücke schneiden. Gemüse zum Fleisch geben und zugedeckt weitere 10–12 Min. garen. Stärke mit einem Schuss kaltem Wasser anrühren, unter das heiße Fleisch und Gemüse rühren und 2–3 Min. einkochen, bis die Sauce bindet. Mit Salz, Pfeffer, Chili abschmecken und mit Petersilie bestreut servieren.

Gamsrücken mit Haselnusskruste

*Das zarte Rückenfleisch vom Gamskitz, Reh oder Frischling wird durch die abwechs-
lungsreichen Krusten aromatischer und wird zusätzlich vor dem Austrocknen geschützt.*

2 Gamsrückenfilets (à 300 g) | 75 ml Öl |
3 EL Thymianblättchen | 80 g Haselnussblätt-
chen | 2 Scheiben Toastbrot | 2 EL Waldhonig |
2 TL Meerrettich (aus dem Glas) | Salz | Pfeffer

Für 4 Personen
⏲ 45 Min. Zubereitung | 3 Std. Marinieren
Pro Portion ca. 450 kcal, 34 g EW, 28 g F, 15 g KH

1 Gamsrücken von Häutchen befreien. Filets mit Öl
und 1 EL Thymianblättchen in einen Gefrierbeutel
geben, verschließen, mischen und bei Raumtemperatur 3 Std. marinieren. Nüsse in einer Pfanne ohne
Fett goldbraun rösten. Toast entrinden und im Blitzhacker zerkrümeln. Mit Nüssen, restlichem Thymian,
Honig, Meerrettich, Salz und Pfeffer verrühren.

2 Backofen samt einer ofenfesten Form auf 180°
vorheizen. Filets aus der Marinade nehmen, trocken
tupfen, quer halbieren und salzen und pfeffern.
Marinieröl in einer Pfanne erhitzen. Fleisch darin
auf beiden Seiten in je 2–3 Min. braun anbraten
und in die heiße Form legen. Die Nussmasse darauf
verteilen, andrücken und im Ofen (Mitte, Umluft
nicht empfehlenswert) offen in 12–15 Min. rosa
garen. Aufgeschnitten mit Sauce servieren.

UND DAZU? – SCHNELLE SAUCE

1 EL Öl in der noch heißen Fleischpfanne erhitzen. Sehnen und Häutchen des Rückens (vom Metzger mitgeben
lassen) darin unter Rühren 2–3 Min. kräftig anbraten.
½ TL gekörnte Gemüsebrühe zufügen und mit 200 ml
rotem Portwein, 400 ml Wildfond (aus dem Glas oder
Rezept S. 8) und 100 g Sahne ablösen. Offen bei mittlerer Hitze in 8–12 Min. auf die Hälfte sämig einköcheln.
Sauce durch ein feines Sieb passieren. Mit Salz und
Pfeffer abschmecken.

Italo-Frischlingsrücken

2 Frischlingsrückenfilets (à 400 g) | 1 Knoblauch-
zehe | 100 ml Olivenöl | 50 g getrocknete Toma-
ten | 50 g Pinienkerne | 1 Handvoll Basilikum-
blätter | 1 TL Tomatenmark | Salz | Pfeffer

Für 4 Personen | ⏱ 20 Min. Zubereitung
3 Std. Marinieren | 45 Min. Garen
Pro Portion ca. 600 kcal, 41 g EW, 47 g F, 3 g KH

1 Fleisch von Häutchen befreien. Knoblauch
schälen, andrücken und mit Fleisch und 50 ml Öl in
einen Gefrierbeutel geben, verschließen, mischen
und bei Raumtemperatur 3 Std. marinieren.

2 Backofen samt einer ofenfesten Form auf 120°
vorheizen. Übrige Zutaten mit restlichem Öl püri-
ren, salzen und pfeffern. Fleisch aus der Marinade
nehmen, trocken tupfen, würzen. Fleisch im heißen Marinieröl bei mittlerer Hitze beidseitig in je
2–3 Min. braun anbraten, in die Form legen, mit
der Paste bestreichen. Im Ofen (Mitte, Umluft nicht
empfehlenswert) offen in ca. 45 Min. rosa garen.

Rehrücken mit Kräutern

2 Rehrückenfilets (à 400 g) | 50 ml Olivenöl |
75 g weiche Butter | 1 EL Semmelbrösel | Salz |
Pfeffer | 25 g TK-Kräutermischung

Für 4 Personen | ⏱ 30 Min. Zubereitung
1 Std. Marinieren und Kühlen
Pro Portion ca. 460 kcal, 45 g EW, 30 g F, 1 g KH

1 Fleisch von Häutchen befreien. Filets mit Öl in
einen Gefrierbeutel geben, verschließen, mischen
und bei Raumtemperatur 1 Std. marinieren. Die
Butter mit Semmelbröseln, Salz, Pfeffer und den
Kräutern verkneten. Zwischen Frischhaltefolie in der
Größe des Rehrückens ausrollen, 1 Std. kühlen.

2 Backofen samt einer ofenfesten Form auf 160°
vorheizen. Fleisch aus der Marinade nehmen, trocken tupfen, würzen. Fleisch im heißen Marinieröl
bei starker Hitze beidseitig in je ca. 1 Min. anbraten.
Fleisch in die Form legen, Kräuterbutter darauf-
legen und andrücken. Im Ofen (Mitte, Umluft nicht
empfehlenswert) offen in 6–8 Min. rosa garen.

Herbsttraum | macht was her

Hirschmedaillons mit gebackenem Kürbis

*Frisches Wildfleisch hat im Herbst Saison. Zur gleichen Zeit kommt buntes Herbstge-
müse auf den Markt. Aus beidem zusammen wird ein unschlagbares Team.*

1 kleiner Butternuss-Kürbis (ca. 800 g)
4 Rote Beten (à ca. 150 g)
2 Pastinaken (à ca. 250 g)
50 ml Olivenöl
150 ml Apfelsaft
2 EL Aceto Balsamico
Salz | frisch gemahlener Pfeffer
½ Bund glatte Petersilie
2 EL Thymianblättchen
2 EL weiche Butter
8 Hirschkalbsmedaillons (à ca. 80–100 g)
1 EL Butterschmalz
200 g saure Sahne
2 EL Meerrettich (aus dem Glas)

Für 6 Personen
◎ 35 Min. Zubereitung | 1 Std. Garen
Pro Portion ca. 410 kcal, 30 g EW, 26 g F, 16 g KH

1 Backofen auf 220° vorheizen. Kürbis, rote Beten
und Pastinaken schälen. Kürbis längs halbieren,
entkernen, jede Hälfte der Länge nach dritteln. Rote
Beten achteln, Pastinaken in daumenbreite Scheiben schneiden. Gemüse in eine große Auflaufform
oder Fettpfanne legen. Öl, Apfelsaft und Essig verrühren und über das Gemüse gießen. Gemüse kräftig salzen und pfeffern. Form oder Blech fest mit
Alufolie abdecken und im Backofen (Mitte, Umluft
200°) ca. 1 Std. garen.

2 Inzwischen die Petersilie waschen, trocken
schütteln, Blättchen abzupfen und fein hacken.

Thymianblättchen und Butter mit einer Gabel vermengen, salzen und pfeffern. Das Fleisch mit Salz
und Pfeffer würzen. Eine beschichtete Pfanne ohne
Fett auf höchster Stufe erhitzen. Die Medaillons
hineinlegen, sofort auf mittlere Hitze zurückschalten, beidseitig je 1–2 Min. anbraten. Butterschmalz
zufügen und das Fleisch bei mittlerer Hitze auf beiden Seiten in je 3–4 Min. rosa braten.

3 Saure Sahne und Meerrettich verrühren, mit
Salz und Pfeffer würzen und in Klecksen über dem
fertigen Kürbisgemüse verteilen. Mit Petersilie
bestreuen. Thymianbutter in Flöckchen auf dem
Fleisch verteilen und mit dem Gemüse und einer
vorbereiteten Sauce (z. B. Holundersauce s. Rezept
unten) servieren.

UND DAZU? – HOLUNDERSAUCE

2 EL Zucker in einem Topf karamellisieren und mit
50 ml Himbeeressig und je 200 ml Holundersaft (aus
dem Reformhaus) und Rotwein ablöschen. 2 fein
gehackte Schalotten, 4 angedrückte schwarze Pfefferkörner und 1 Msp. Lebkuchengewürz dazugeben, aufkochen und bei starker Hitze offen in ca. 5 Min. auf die
Hälfte einköcheln. 400 ml Wildfond (aus dem Glas oder
Rezept S. 8) zufügen und nochmals in 5–10 Min. auf die
Hälfte einköcheln. Sauce durch ein feines Sieb passieren und aufkochen. 1 EL Speisestärke mit einem Schuss
kaltem Wasser anrühren, in die kochende Flüssigkeit
rühren und 2–3 Min. einkochen, bis die Sauce bindet.

frühlingsfein

Maibock mit Spargel

1 kg weißer Spargel

5 Frühlingszwiebeln

4 EL Olivenöl | 1 TL Puderzucker

2 EL Butter

Salz | frisch gemahlener Pfeffer

2 Rehrückenfilets (à 400 g) | 4 Eigelb

150 ml Maibock (untergäriges Starkbier)

1 EL Orangenlikör (nach Belieben)

1 Msp. Zimtpulver

Für 4 Personen | 🕐 55 Min. Zubereitung
Pro Portion ca. 530 kcal, 53 EW, 30 F, 8 KH

1 Spargel waschen, schälen, holzige Enden abschneiden. Stangen schräg in ca. 5 cm lange Stücke schneiden. Zwiebeln waschen, putzen und in feine Ringe schneiden. 2 EL Öl in einer Pfanne erhitzen, Spargel zugeben, mit Zucker bestäuben und bei mittlerer Hitze unter Rühren in ca. 10 Min. goldbraun braten. Mit Zwiebeln und 1 EL Butter weitere ca. 2 Min. garen. Salzen und pfeffern.

2 Backofen samt ofenfester Form auf 120° vorheizen. Filets quer halbieren, salzen, pfeffern. Fleisch bei starker Hitze im restlichen heißen Öl beidseitig in je 1–2 Min. anbraten. In die Form legen. Restliche Butter darauf verteilen. Im Ofen (unten, Umluft nicht empfehlenswert) offen 12–15 Min. rosa garen.

3 Inzwischen Eigelbe in einer Schüssel über einem heißen Wasserbad mit dem Handrührgerät aufschlagen, dabei nach und nach das Bier zugießen und 6–8 Min. rühren, bis die Sauce leicht andickt. Mit Orangenlikör und Zimt würzen. Zum Fleisch und wieder erwärmten Spargel servieren.

fruchtig – gelingt leicht

Koteletts mit Zwiebeln

4 ganze Wildschweinkoteletts mit Knochen
(à ca. 280 g)

frisch gemahlener Pfeffer | 100 ml Olivenöl

500 g rote Zwiebeln

3 große säuerliche Äpfel (à ca. 150 g,
z. B. Boskop)

½ Bund Salbei

4 EL Himbeeressig | Salz

2 EL Preiselbeeren (aus dem Glas)

Für 4 Personen
🕐 20 Min. Zubereitung | ca. 20 Min. Garen
Pro Portion ca. 630 kcal, 45 g EW, 42 g F, 17 g KH

1 Koteletts pfeffern. Mit 70 ml Öl einreiben und beiseitestellen. Zwiebeln schälen und in feine Ringe schneiden. Äpfel waschen, schälen, vierteln und putzen. Viertel in schmale Spalten schneiden. Salbei waschen, trocken schütteln, Blättchen abzupfen und in feine Streifen schneiden.

2 Backofen auf 180° vorheizen. 2 EL Öl in einer Pfanne erhitzen, Zwiebeln darin bei mittlerer Hitze unter Rühren in ca. 5 Min. glasig dünsten. Äpfel und Salbei dazugeben und offen bei kleiner Hitze weitere 8–10 Min. dünsten. Mit Essig ablöschen, salzen, pfeffern und in eine Auflaufform geben.

3 Koteletts salzen. Restliches Öl in einer heißen Pfanne erhitzen, Koteletts darin bei starker Hitze von jeder Seite in 1–2 Min. braun anbraten. Fleisch auf die Zwiebeln legen, mit Preiselbeeren bestreichen und im Ofen (Mitte, Umluft nicht empfehlenswert) offen in 15–20 Min. rosa garen. Dazu passt Kartoffel-Pastinaken-Püree (Rezept s. Klappe hinten).

Sonntagsessen | braucht etwas Zeit

Wildgulasch mit Pfifferlingen

Bei diesem Rezept lohnt es sich, etwas Zeit zu investieren. Belohnt wird man mit butterzartem Fleisch und einer leckeren Sauce, die wie von selbst entsteht.

1 Bund Suppengemüse
1 Knoblauchzehe
1 kg Reh- oder Hirschkalbgulasch
(aus der Schulter)
1 EL Wacholderbeeren
1 TL weiße Pfefferkörner
2 Nelken | 500 ml Rotwein
Salz | frisch gemahlener Pfeffer
4 EL Butterschmalz
800 ml Wildfond (aus dem Glas oder Rezept S. 8)
500 g Perlzwiebeln (oder kleine Schalotten)
1 EL Zucker
150 g durchwachsener Räucherspeck
400 g Pfifferlinge
1 Bund Thymian

Für 4 Personen | 1 Std. Zubereitung
24 Std. Marinieren | 1 Std. 15 Min. Garen
Pro Portion ca. 610 kcal, 68 g EW, 23 g F, 13 g KH

1 Das Suppengemüse waschen, putzen, bei Bedarf schälen, klein würfeln und in eine große Schüssel geben. Die Knoblauchzehe schälen und zum Gemüse pressen. Das Fleisch auf das Gemüse geben. Wacholder, Pfefferkörner und die Nelken im Mörser andrücken, über das Fleisch streuen und mit Rotwein übergießen. Zugedeckt im Kühlschrank 24 Std. marinieren.

2 Den Backofen auf 160° vorheizen. Fleisch aus der Marinade nehmen, trocken tupfen, Gewürze entfernen und mit Salz und Pfeffer würzen. Mariniertes Gemüse durch ein Sieb abgießen, dabei die Marinade auffangen. 3 EL Butterschmalz in einem Bräter erhitzen, Fleisch darin in 3 Portionen bei starker Hitze in je 3–5 Min. braun anbraten. Gesamtes Fleisch, Gemüse und die Hälfte der Marinade in den Bräter geben und bei mittlerer Hitze offen kochen, bis die Flüssigkeit verdampft ist, dabei gelegentlich umrühren. Restliche Marinade und Wildfond dazugießen und einmal aufkochen lassen. Das Gulasch im Ofen (unten, Umluft 140°) zugedeckt ca. 1 Std. 15 Min. schmoren.

3 Inzwischen die Zwiebeln schälen. Restliches Butterschmalz in einem Topf erhitzen, darin die Zwiebeln bei mittlerer Hitze offen ca. 5 Min. dünsten. Zucker darüberstreuen und goldbraun karamellisieren, vom Herd nehmen. Den Speck in schmale Stücke schneiden. Die Pfifferlinge putzen, bei Bedarf mit einem Tuch abreiben und in einer heißen Pfanne ohne Fett bei starker Hitze unter Rühren braten, bis alle Flüssigkeit verdampft ist. Speck zugeben, goldbraun braten. Thymian waschen, trocken schütteln, die Blättchen abzupfen.

4 Das Fleisch aus dem Bratenfond heben. Den Fond durch ein feines Sieb passieren und im Bräter offen bei mittlerer Hitze 5–10 Min. einkochen. Das Fleisch mit Zwiebeln, Pfifferlingen und Speck in der Sauce erwärmen. Mit Salz, Pfeffer und Thymianblättchen würzen. Dazu passen Semmelknödel (Rezept s. Klappe hinten).

Klassiker | für Gäste

Wildhasenpfeffer

Langsames Schmoren bei nicht zu hohen Temperaturen macht Fleisch aus der Keule wunderbar mürbe. Am Knochen geschmort wird das Fleisch noch aromatischer.

4 Wildhasenkeulen (ca. 1,2 kg)
1 Bund Suppengemüse
4 Zweige Thymian
4 Nelken | 10 Wacholderbeeren
15 schwarze Pfefferkörner
750 ml Rotwein
250 ml roter Portwein (ersatzweise Traubensaft)
Salz | frisch gemahlener Pfeffer
2 EL Mehl
3 EL Butterschmalz
2 EL Tomatenmark
400 ml Wildfond (aus dem Glas oder Rezept S. 8)
500 g kleine Champignons
1 EL Butter
3 EL gehackte Petersilie

Für 4 Personen | ⏲ 1 Std. Zubereitung
24 Std. Marinieren | 1 Std. 30 Min. Garen
Pro Portion ca. 660 kcal, 58 g EW, 18 g F, 23 g KH

1 Keulen von Häutchen befreien und in eine Schüssel legen. Suppengemüse waschen, putzen, bei Bedarf schälen und grob würfeln. Thymian waschen, trocken schütteln. Gewürze im Mörser andrücken. Alles über dem Fleisch verteilen und mit Rot- und Portwein übergießen. Zugedeckt im Kühlschrank 24 Std. marinieren.

2 Den Backofen auf 180° vorheizen. Fleisch und Gemüse in ein großes Sieb abgießen, dabei die Marinade auffangen. Das Fleisch trocken tupfen, salzen, pfeffern und mit 1 EL Mehl bestäuben.

1½ EL Butterschmalz in einem Bräter erhitzen, darin die Wildhasenkeulen bei starker Hitze von allen Seiten in 4–6 Min. anbraten, herausnehmen, beiseitestellen. Restliches Butterschmalz im Bräter erhitzen, darin das Gewürz-Gemüse aus der Marinade bei mittlerer Hitze 5–7 Min. anbraten. Tomatenmark zufügen, kurz mitbraten, Fleisch dazugeben. Bei starker Hitze nach und nach die Hälfte der Marinade angießen, dabei darauf achten, dass die Flüssigkeit eingekocht ist, bevor neue zugefügt wird. Restliche Marinade und Wildfond angießen, aufkochen und im Ofen (unten, 160° Umluft) zugedeckt ca. 1 Std. 30 Min. schmoren.

3 Inzwischen die Champignons putzen, bei Bedarf mit einem Tuch abreiben und in einer heißen Pfanne ohne Fett bei starker Hitze unter Rühren in 5–7 Min. goldbraun braten. Butter und Petersilie untermischen, salzen, pfeffern und beiseitestellen. Das Fleisch aus dem Bräter nehmen, vom Knochen lösen und warm stellen. Bratenfond durch ein feines Sieb in den Bräter passieren, aufkochen. Restliches Mehl mit einem Schuss kaltem Wasser anrühren, in die kochende Flüssigkeit geben und 2–3 Min. einkochen, bis die Sauce bindet. Mit Salz und Pfeffer abschmecken. Fleisch und Champignons zur Sauce geben und nochmals erhitzen. Mit Petersilie bestreut servieren.

einfach beeindruckend | gut vorzubereiten

Wildhasen-Wirsing-Päckchen

Diese feinen Päckchen sehen aus wie kleine Kunstwerke und lassen alle staunen. Was aber außer dem Koch keiner weiß: Gemacht sind sie ganz einfach und schnell.

1 Schweinenetz (beim Metzger vorbestellen)
1 kleiner Wirsing (ca. 700 g) | Salz
100 g Schalotten
75 g durchwachsener Räucherspeck
1 EL Butter | 500 ml Gemüsebrühe
4 Wildhasenrückenfilets (à ca. 140 g)
1 Knoblauchzehe | 2 EL Butterschmalz
2 EL Cassislikör (Schwarzer Johannisbeerlikör; nach Belieben)
160 g Sahne
1 Msp. gemahlener Piment
frisch geriebene Muskatnuss
frisch gemahlener Pfeffer

Für 4 Personen | ⊕ 1 Std. 30 Min. Zubereitung
Pro Portion ca. 430 kcal, 39 g EW, 26 g F, 8 g KH

1 Das Netz in eine Schüssel mit warmem Wasser legen. Äußere welke Blätter vom Wirsing entfernen. 6 schöne große Blätter ablösen, in kochendes Salzwasser geben, 2–3 Min. blanchieren, in ein Sieb abgießen, mit eiskaltem Wasser abschrecken und abtropfen lassen. Restlichen Wirsing vierteln, Strunk entfernen. Wirsing in 2 cm breite Streifen schneiden. Schalotten schälen und mit dem Speck fein würfeln. Butter in einem großen Topf erhitzen, Schalotten und Speck darin glasig dünsten. Wirsing und Brühe zufügen und bei kleiner Hitze abgedeckt ca. 15 Min. garen, dabei gelegentlich umrühren.

2 Inzwischen Fleisch von Häutchen befreien. Von jedem Filet das dünne Ende abschneiden (insge-samt ca. 30–40 g Fleisch) und ins Tiefkühlfachfach geben. 2 der blanchierten Wirsingblätter fein hacken. Knoblauch schälen. In einer Pfanne 1 EL Butterschmalz erhitzen, Wirsing zufügen, Knob-lauch dazupressen und 3–5 Min. dünsten. Likör und 1 EL Sahne zufügen. Mit Piment, Muskatnuss, Salz und Pfeffer würzen, vom Herd nehmen.

3 Backofen auf 100° vorheizen. Kalte Filetenden salzen, im Blitzhacker pürieren und unter den gehackten Wirsing rühren. Das Schweinenetz aus-drücken, auf der Arbeitsfläche ausbreiten und in vier gleich große Stücke schneiden (Bild 1). Den dicken Strunk der restlichen Wirsingblätter flach abschnei-den. Je ein Blatt mit der Innenseite nach oben auf ein Netz legen. Fleischmasse gleichmäßig auf die Blätter verteilen und mit einem feuchten Messer glatt streichen (Bild 2). Filets salzen und pfeffern, längs in die Mitte des Blatts legen. Beide Seiten des Wirsingblatts zu den Enden des Filets einschlagen (Bild 3), dann Filets mit dem Netz einrollen, dabei die Netzenden überlappen lassen. Die Enden mit Küchengarn abbinden und abschneiden (Bild 4).

4 Restliches Butterschmalz in einem Bräter erhitzen, Wirsingpäckchen darin rundherum bei starker Hitze in 2–3 Min. goldbraun anbraten. Im Ofen (unten, Umluft nicht empfehlenswert) offen in 10–12 Min. rosa garen. Inzwischen restliche Sahne unter den Wirsing rühren und ca. 5 Min. einköcheln. Mit Salz, Pfeffer und Muskat abschmecken und zu den Päckchen servieren (Bild 5).

Gegrillte Rehsteaks

Lust auf Abwechslung? Wildfleisch harmoniert perfekt mit Holzkohlearoma. Und die richtigen Fleischstücke bleiben auch bei hohen Temperaturen schön saftig.

Je 3 Stiele Zitronenmelisse, Petersilie, Basilikum und Minze | 12 Scheiben Rehfleisch (ca. 2 cm dick, à ca. 80–100 g; aus der Keule) | 100 ml Olivenöl | Salz | frisch gemahlener Pfeffer

Für 4 Personen
20 Min. Zubereitung | 4 Std. Marinieren
Pro Portion ca. 450 kcal, 64 g EW, 21 g F, 0 g KH

1 Die Kräuter waschen, trocken schütteln, Blättchen abzupfen und fein hacken. Das Fleisch von Häutchen befreien, mit Öl und Kräutern in einen Gefrierbeutel geben, verschließen, mischen und im Kühlschrank 4 Std. marinieren.

2 Den Grill vorbereiten. Das Fleisch aus der Marinade nehmen, trocken tupfen und mit Salz und Pfeffer würzen. Steaks auf dem heißen Grill von jeder Seite 2–3 Min. grillen.

GUT ZU WISSEN
Zum Grillen eignen sich nur die zarten, kleineren und relativ flachen Fleischstücke aus Rücken, Hüfte oder Keule, die von jungen Tieren stammen.

UND DAZU? – SALSA VERDE
Für eine Salsa verde die Blätter von 1 Bund Petersilie, ½ Bund Basilikum und 5 Stängeln Minze sehr fein hacken. 6 in Öl eingelegte Sardellenfilets mit kaltem Wasser abspülen und mit 30 g Kapern und 100 g eingelegten Honiggurken (aus dem Glas) ebenfalls sehr fein hacken. Alles mit den Kräutern, 3 TL Senf, 3 EL Himbeer- oder Rotweinessig und 8 EL Olivenöl verrühren.

Gegrillte Frischlings-koteletts

2 Knoblauchzehen | 2 Zweige Rosmarin | 6 ganze Frischlingskoteletts (à ca. 160–180 g) | 1 TL Koriandersamen | 100 ml Olivenöl | Salz | frisch gemahlener Pfeffer

Für 6 Personen
🕐 20 Min. Zubereitung | 4 Std. Marinieren
Pro Portion ca. 340 kcal, 28 g EW, 25 g F, 0 g KH

1 Knoblauch schälen und vierteln. Rosmarin waschen und trocken schütteln. Fleisch mit Knoblauch, Rosmarin, Koriandersamen und Öl in einen Gefrierbeutel geben und verschließen. Gut mischen und im Kühlschrank 4 Std. marinieren.

2 Den Grill vorbereiten. Fleisch aus der Marinade nehmen, trocken tupfen, Koriandersamen entfernen, salzen und pfeffern. Steaks auf dem heißen Grill von jeder Seite 3–5 Min. grillen.

Gegrillte Hirschkarrees

4 Zweige Zitronenthymian | 2 Hirschkarrees (à ca. 600 g) | ½ TL gemahlener Piment | 75 ml Cassislikör (Schwarzer Johannisbeerlikör; ersatzweise 2 EL Johannisbeergelee) | 75 ml Olivenöl | Salz | frisch gemahlener Pfeffer

Für 6 Personen
🕐 15 Min. Zubereitung | 4 Std. Marinieren
Pro Portion ca. 270 kcal, 33 g EW, 14 g F, 3 g KH

1 Zitronenthymian waschen und trocken schütteln. Fleisch von Häutchen befreien, mit Piment einreiben und mit Thymian, Likör und Öl in einen Gefrierbeutel geben, verschließen, mischen und im Kühlschrank 4 Std. marinieren.

2 Den Grill vorbereiten. Fleisch aus der Marinade nehmen, trocken tupfen, salzen und pfeffern. Zuerst die Knochenseite auf dem heißen Grillrost 3–4 Min. grillen, wenden und in weiteren 15–20 Min. fertig grillen, dabei mehrmals wenden. Anschließend in Alufolie wickeln und ca. 5 Min. ruhen lassen.

deftig | Klassiker

Fasan mit fruchtigem Sauerkraut

*Die Vorfahren der frei lebenden Fasane sind im Mittelalter aus fürstlichen Fasanen-
gärten geflohen. Auch heute noch stammt der größte Teil des Geflügels aus Fasanerien.*

Für das Sauerkraut:
750 g frisches Sauerkraut (oder aus der Dose)
3 mittelgroße Zwiebeln
100 g durchwachsener Räucherspeck
2 große säuerliche Äpfel (à ca. 150 g,
z. B. Boskop)
1 Bund Zitronenthymian
2 TL Wacholderbeeren
75 g Gänseschmalz
2 Lorbeerblätter
½ l Weißwein (oder Gemüsebrühe)
Salz | Pfeffer | Zucker
Für den Fasan:
2 Fasane (à ca. 800 g; küchenfertig)
Salz | 2 EL Butterschmalz
400 ml Geflügelfond (aus dem Glas)
6 Scheiben durchwachsener Räucherspeck
100 ml Madeira (Dessertwein)
frisch gemahlener Pfeffer

Für 4 Personen
◎ 45 Min. Zubereitung | ca. 1 Std. Garen
Pro Portion ca. 950 kcal, 85 g EW, 49 g F, 19 g KH

1 Sauerkraut bei Bedarf mit kaltem Wasser abbrausen, abtropfen lassen. Zwiebeln schälen und fein
hacken. Speck fein würfeln. Äpfel waschen, schälen,
putzen und grob raspeln. Thymian waschen, trocken
schütteln und Blättchen von drei Zweigen abzupfen.
Wacholderbeeren im Mörser zerdrücken. Gänseschmalz in einem großen Topf erhitzen, darin bei

mittlerer Hitze Zwiebeln und Speck glasig dünsten.
Äpfel, Thymianblättchen, 1 TL Wacholderbeeren und
Lorbeerblätter zufügen, unter Rühren kurz andüns-
ten. Sauerkraut mit Wein dazugeben. Mit Salz, Pfef-
fer und Zucker würzen. Zugedeckt bei schwacher
Hitze 50–60 Min. garen, evtl. warm halten.

2 Inzwischen den Backofen auf 220° vorheizen.
Die Fasane innen und außen kalt abbrausen,
trocken tupfen und salzen. Die restlichen Thymian-
zweige in den Bauch der Fasane stecken. Die Keulen mit Küchengarn zusammenbinden.

3 Butterschmalz in einem Bräter erhitzen. Die
Fasane darin bei starker Hitze in 4–6 Min. rundherum goldbraun anbraten. Am Ende sollten die
Fasane mit der Brust nach unten im Fett liegen. Mit
dem Geflügelfond ablöschen, aufkochen und die
restlichen Wacholderbeeren zufügen. Den Rücken
der Fasane mit Speck belegen. Im Ofen (unten,
Umluft nicht empfehlenswert) offen ca. 20 Min.
garen, dabei mehrmals mit Bratenfond begießen.
Den Backofen auf 125° zurückschalten und die
Fasane in weiteren 35–40 Min. fertig braten.

4 Fasane und Speck aus dem Bräter nehmen und
im ausgeschalteten Ofen ruhen lassen. Fond durch
ein feines Sieb in einen Topf passieren, Madeira
angießen und offen bei mittlerer Hitze ca. 10 Min.
köcheln, salzen und pfeffern. Sauerkraut auf einer
vorgewärmten Platte verteilen. Fasane und Speck
darauf anrichten. Sauce dazureichen. Dazu passt
Kartoffel-Pastinaken-Püree (Rezept s. Klappe hinten).

klein aber oho!

Gebratene Taubenbrust

4 Tauben (küchenfertig, à ca. 300 g))
70 g TK-Suppengemüse
1 TL gekörnte Hühnerbrühe
150 ml weißer Portwein (ersatzweise Traubensaft)
Salz | frisch gemahlener Pfeffer
1 EL Öl | 1 EL weiches Gänseschmalz
1 TL Speisestärke

Für 4 Personen
◎ Zubereitung 30 Min. | ca. 20 Min. Garen
Pro Portion ca. 430 kcal, 50 g EW, 19 g F, 5 g KH

1 Tauben abbrausen, trocken tupfen, mit der Brust nach oben auf die Arbeitsfläche legen. Von jeder Taube die Brust mit Rippen und Keulen ringsherum mit einer Geflügelschere abschneiden. Den verbleibenden Rücken und Flügel zerkleinern, mit Suppengemüse, Brühe, 100 ml Portwein und ¾ l Wasser in einen großen Topf geben. Offen bei mittlerer Hitze in ca. 45 Min. auf ca. die Hälfte einköcheln.

2 Den Ofen samt einer ofenfesten Form auf 200° vorheizen. Brüstchen salzen und pfeffern. Form mit Öl einreiben. Taubenbrüste mit der Haut nach oben in die Form legen, mit Gänseschmalz bepinseln und im Ofen offen (Mitte, Umluft nicht empfehlenswert) 15–20 Min. garen. 2–3 Min. vor Garzeitende die Haut unter dem Backofengrill knusprig braten, Ofen ausschalten und Fleisch kurz ruhen lassen.

3 Fond durch ein feines Sieb in einen Topf passieren, aufkochen. Stärke mit restlichem Portwein anrühren, in die kochende Flüssigkeit rühren und 2–3 Min. kochen, bis die Sauce bindet. Die Taubenbrüstchen mit der Sauce und einer der Beilagen (s. Rezepte S. 64) servieren.

fruchtig | aromatisch

Enten mit Orangensauce

25 g Butter | 2 Schalotten
2 Wildenten (küchenfertig, à ca. 800 g)
Salz | frisch gemahlener Pfeffer
2 dünne Scheiben fetter Räucherspeck
2 EL Butterschmalz
800 ml Entenfond (aus dem Glas)
5 Bio-Orangen | 1 EL Zucker
2 EL Orangenlikör (nach Belieben)
1 TL Speisestärke

Für 4 Personen
◎ 40 Min. Zubereitung | ca. 1 Std. Garen
Pro Portion ca. 930 kcal, 62 g EW, 67 g F, 16 g KH

1 Backofen auf 200° vorheizen. Butter würfeln, tiefkühlen. Schalotten schälen, halbieren. Enten abbrausen, trocken tupfen, salzen und pfeffern. Je 1 Speckscheibe quer um die Enten legen und mit Küchengarn festbinden. Enten in einem Bräter im heißen Fett bei mittlerer Hitze in 5–7 Min. rundherum anbraten. Schalotten und 400 ml Fond zufügen. Im Ofen zugedeckt (unten, Umluft 180°) 60–70 Min. garen, mehrmals mit Bratenfond begießen. Inzwischen 3 Orangen filetieren, 2 Orangen auspressen. Zucker in einem Topf hell karamellisieren. Mit restlichem Fond und Orangensaft ablöschen. Offen bei kleiner Hitze 15–20 Min. einkochen.

2 Enten aus dem Bräter nehmen, warm stellen. Brat- und Orangenfond durch ein feines Sieb passieren. Stärke mit wenig kaltem Wasser anrühren, in die kochende Flüssigkeit geben und 2–3 Min. kochen, bis die Sauce bindet, vom Herd nehmen. Butter unterrühren, salzen, pfeffern. Likör und Orangenfilets zufügen. Enten zerlegen und mit Sauce servieren.

zart | für Gäste

Wachteln mit Maronenfüllung

Die Wachtel ist ein Zugvogel und galt bis ins 18. Jahrhundert in Japan und China als Haustier. Das Fleisch von Wachteln ist zartfasrig und sehr aromatisch.

500 g Staudensellerie
1 EL Zucker
500 g gegarte Maronen (vakuumverpackt)
1 EL Butter | 200 g Sahne
1 TL gekörnte Gemüsebrühe
1 Bund Thymian
1 großer Granatapfel (ca. 200 g)
8 Wachteln (à 180–200 g; küchenfertig)
Salz | frisch gemahlener Pfeffer
1 EL Butterschmalz
8 Scheiben durchwachsener Räucherspeck
400 ml Geflügelfond (aus dem Glas)
½ EL Stärke
50 ml roter Portwein (ersatzweise Traubensaft)

Für 4 Personen
◎ 45 Min. Zubereitung | ca. 25 Min. Garen
Pro Portion ca. 990 kcal, 86 g EW, 47 g F, 55 g KH

1 Den Sellerie waschen, putzen und in ca. 1 cm breite Stücke schneiden. Den Zucker in einer Pfanne hell karamellisieren. Die Maronen zufügen und kurz im Karamell schwenken. Butter und Sellerie hineingeben und offen bei mittlerer Hitze in ca. 5 Min. bissfest dünsten. Sahne und Gemüsebrühe einrühren, offen 2–3 Min. einköcheln, dann davon 8 EL im Blitzhacker zerkleinern.

2 Den Thymian waschen, trocken schütteln und die Blättchen von den Stielen abzupfen. Den Granatapfel halbieren. Die Hälften über einer Schüssel auseinanderbrechen und die Kerne von Haut und

Schale lösen, dabei den Saft auffangen. Eine Hälfte des Thymians und der Granatapfelkerne unter das Maronenpüree, die andere Hälfte unter das Maronengemüse heben, salzen und pfeffern.

3 Den Ofen auf 180° vorheizen. Wachteln innen und außen abbrausen, trocken tupfen, salzen und pfeffern und mit Maronenpüree füllen. Butterschmalz in einem Bräter erhitzen, darin Speckscheiben bei starker Hitze 2–3 Min. auslassen, herausnehmen, beiseitestellen. Wachteln im heißen Fett bei mittlerer Hitze in ca. 10 Min. rundherum goldbraun anbraten, mit den Speckscheiben belegen und offen im Ofen (unten, Umluft nicht empfehlenswert) 20–25 Min. garen.

4 Inzwischen Fond und Granatapfelsaft aufkochen. Speisestärke mit Portwein anrühren, in die kochende Flüssigkeit geben und 2–3 Min. einkochen, bis die Sauce bindet, salzen und pfeffern. Gemüse nochmals erwärmen, mit Wachteln und Sauce anrichten. Mit Thymian bestreut servieren.

VARIANTE – WACHTELN OHNE FÜLLUNG
Wachteln, wie oben beschrieben, vorbereiten. Keulen mit Küchengarn zusammenbinden. In einem Bräter 4 EL Olivenöl erhitzen, darin die Wachteln bei mittlerer Hitze in 3–5 Min. rundherum goldbraun anbraten. Wachteln mit je einem Rosmarinzweig und einer Scheibe durchwachsenem Räucherspeck belegen und offen im vorgeheizten Ofen bei 180° (unten, Umluft nicht empfehlenswert) 12–15 Min. garen.

Wilde Braten gut geraten

Außen knusprig, innen schön zart – so muss er sein, der klassische Wildbraten. Dafür braucht es keine großen Vorbereitungen. Ist der Braten erst mal im Ofen, hat die Köchin genügend Zeit, sich einer Beilage zu widmen. Wenn dann ein feiner Bratenduft durchs Haus zieht, kommen die Familie oder Gäste wie von selbst an den gedeckten Tisch.

Rehschulter mit gratiniertem Fenchel

2 Rehschultern (à ca. 800 g) oder 1 Hirschkalbs-
schulter (ca. 1,6 kg), jeweils mit Knochen
Salz | frisch gemahlener Pfeffer
1 Knoblauchzehe | 1 Zweig Rosmarin
2 EL Butterschmalz
400 ml Wildfond (aus dem Glas oder Rezept S. 8)
1 getrocknete Chilischote
4 mittelgroße Fenchelknollen (à ca. 250 g)
1 EL Honig (z. B. Akazienhonig)
2 EL Speisestärke
100 g schwarze Oliven (ohne Stein)

Für 6 Personen
◉ 30 Min. Zubereitung | 1 Std. 30 Min. Garen
Pro Portion ca. 370 kcal, 51 g EW, 14 g F, 10 g KH

1 Backofen auf 180° vorheizen. Fleisch von Häutchen befreien, salzen und pfeffern. Knoblauch
schälen, halbieren. Rosmarin waschen, trocken
schütteln. Fett in einem Bräter erhitzen, darin die
Schultern in 5–7 Min. rundherum anbraten. Fond,
Knoblauch, Rosmarin und Chilischote dazugeben. Im Ofen (unten, Umluft 160°) zugedeckt ca.
1 Std. 30 Min. garen.

2 Fenchel waschen, putzen, halbieren und in
kochendem Salzwasser 6–8 Min. garen. In ein Sieb
abgießen. Rehschulter aus dem Ofen nehmen, in
Alufolie wickeln und warm stellen.

3 Bratenfond durch ein Sieb in einen Topf passieren. Fenchel mit Honig bepinseln und im Bräter
unter dem Backofengrill 2–4 Min. gratinieren. Speisestärke mit einem Schuss kaltem Wasser anrühren,
mit Oliven in die kochende Flüssigkeit geben und
2–3 Min. einkochen, bis die Sauce bindet, abschmecken. Fleisch aufschneiden. Mit gegrilltem Fenchel
und Olivensauce anrichten.

für Gäste

Gamskeule mit Hagebuttensauce

Gämsen sind in den Alpenregionen zu Hause und darum nicht ganz so einfach zu jagen. Das Fleisch ist dunkel, saftig, sehr aromatisch und am feinsten von jüngeren Tieren.

25 g Butter
1 Gamskeule (ca. 1,8 kg; bei Bedarf
Unterschenkelknochen auf Größe des
Bräters kürzen lassen)
3 Zweige Rosmarin
2 Knoblauchzehen | 100 ml Öl
40 g getrocknete, kernlose Hagebuttenschalen
(aus dem Reformhaus)
Salz | frisch gemahlener Pfeffer
400 ml Wildfond (aus dem Glas oder Rezept S. 8)
250 ml Rotwein (ersatzweise Cranberrysaft)
3 EL Hagebuttenmarmelade
2 EL Speisestärke

Für 6 Personen | ⓘ 30 Min. Zubereitung
3 Std. Marinieren | 1 Std. 20 Min. Garen
Pro Portion ca. 740 kcal, 44 g EW, 56 g F, 9 g KH

1 Butter klein würfeln und in das Tiefkühlfach legen. Das Fleisch von Häutchen und Sehnen befreien. Rosmarin waschen und trocken schütteln. Knoblauch schälen, halbieren und mit der Keule, dem Rosmarin und 50 ml Öl in einen Gefrierbeutel geben, Beutel verschließen, Zutaten vermischen und 3 Std. bei Raumtemperatur marinieren. Hagebuttenschalen mit 125 ml kochendem Wasser übergießen und quellen lassen.

2 Den Backofen auf 180° vorheizen. Fleisch aus der Marinade nehmen, trocken tupfen, salzen und pfeffern. Restliches Öl in einem Bräter erhitzen, darin die Keule bei mittlerer Hitze in 8–10 Min.

rundherum anbraten. Knoblauch und Rosmarin aus der Marinade zufügen. Hagebuttenschalen samt Einweichflüssigkeit, Wildfond und Rotwein angießen. Marmelade einrühren, einmal aufkochen. Im Ofen zugedeckt (unten, Umluft nicht empfehlenswert) ca. 1 Std. 20 Min. garen.

3 Gamskeule aus dem Bräter nehmen und im ausgeschalteten Ofen ruhen lassen. Den Bratenfond durch ein Sieb in einen Topf passieren, aufkochen. Speisestärke mit einem Schuss kaltem Wasser anrühren, in die kochende Flüssigkeit rühren und 2–3 Min. einkochen, bis die Sauce bindet, vom Herd nehmen. Butterwürfel mit einem Schneebesen unterrühren. Sauce mit einem Pürierstab aufschlagen. Das Fleisch vom Knochen lösen, in Scheiben schneiden und mit der Sauce auf einer warmen Platte anrichten. Dazu passen Semmelknödel (Rezept s. Klappe hinten) und Weißkraut (s. Rezept unten).

UND DAZU? – WEISSKRAUT

2 kg Weißkohl putzen und in daumenbreite Streifen schneiden. 4 geschälte Schalotten und 100 g durchwachsenen Räucherspeck fein würfeln. 1 EL Zucker in einem sehr großen Topf hell karamellisieren, mit 75 ml Weißweinessig ablöschen. Sofort 2 EL Butterschmalz, Schalotten und Speck zufügen und bei mittlerer Hitze glasig dünsten. Kraut zufügen, unter Rühren 3–5 Min. mitdünsten. 250 ml Apfelsaft angießen und abgedeckt bei kleiner Hitze 40–45 Min. garen. Weißkraut vor dem Servieren mit 1 EL Mehl bestäuben und unter Rühren einmal aufkochen lassen.

Klassiker | herbstlich

Rehrücken mit karamellisierten Birnen

Der Rehrücken ist ein heiß geliebter Klassiker unter den Wildgerichten. Ganz traditionell wird er, wie hier im Rezept, mit Birnen und Preiselbeerkompott serviert.

2 Rehrückenfilets (à 400 g)
3 Nelken
1 Zimtstange
je 10 Wacholderbeeren, schwarze Pfefferkörner
und Pimentkörner
250 g Preiselbeeren (aus dem Glas)
125 ml roter Portwein
2 Birnen (à ca. 150 g, z. B. Williams Christ)
1 ½ EL Butter
1 TL Zucker
50 ml Orangenlikör (ersatzweise Orangensaft)
Salz | frisch gemahlener Pfeffer
2 EL Olivenöl

Für 4 Personen
◉ 40 Min. Zubereitung | 4 Std. Marinieren
Pro Portion ca. 550 kcal, 46 g EW, 16 g F, 45 g KH

1 Fleisch von Häutchen befreien. Gewürze im Mörser zerdrücken und mit Fleisch, 1 EL Preiselbeeren und Portwein in einen Gefrierbeutel geben, verschließen, Zutaten gut mischen und bei Raumtemperatur ca. 4 Std. marinieren.

2 Birnen waschen, schälen. Früchte halbieren und das Kerngehäuse entfernen. Butter in einer Pfanne erhitzen, darin die Birnen offen bei kleiner Hitze auf beiden Seiten in 6–8 Min. goldbraun braten. Zucker über die Birnen streuen, hell karamellisieren und mit Orangenlikör ablöschen.

3 Backofen auf 120° vorheizen. Fleisch aus der Marinade nehmen, trocken tupfen, Gewürze entfernen, salzen und pfeffern. Öl in einer Pfanne erhitzen und beide Rückenstränge bei starker Hitze von jeder Seite in 1–2 Min. braun anbraten. Jedes Filet fest in Alufolie wickeln und sofort in den Ofen (Mitte, Umluft nicht empfehlenswert) auf einen Rost legen und in ca. 12 Min. rosa garen. Nach ca. 6 Min. einmal wenden. Fleisch aufschneiden, mit Birnen und restlichen Preiselbeeren servieren. Dazu passt eine kräftige Wildsauce, z. B. die Fixe Sauce von Seite 9.

VARIANTE – KARAMELLISIERTE FEIGEN

4 große blaue Feigen waschen, schälen, halbieren und im heißen Bratfett des Rehrückens mit 1 EL Butter bei mittlerer Hitze 1–2 Min. dünsten. Mit 2 EL Aceto balsamico, 50 ml Cassislikör (Schwarzer Johannisbeerlikör) und 100 g Sahne ablöschen. Bei kleiner Hitze 3–4 Min. köcheln. Mit Salz, frisch gemahlenem Pfeffer und 1 Msp. Senfpulver abschmecken.

TIPP – PREISELBEERKOMPOTT SELBER MACHEN

500 g Preiselbeeren waschen, verlesen und gut abtropfen lassen. Beeren mit 250 g Gelierzucker (2:1) in der Küchenmaschine oder mit dem Handrührgerät bei kleinster Stufe 30–40 Min. rühren, bis sich der Zucker aufgelöst hat. In saubere Gläser gefüllt und fest verschlossen ist das Kompott im Kühlschrank ca. 3 Monate haltbar und schmeckt zu vielen Wildgerichten.

raffiniert | für Festtage

Hirschkalbsbraten

Die feine Gewürzbutter und das fruchtige Kompott aus frischen Cranberrys machen aus diesem klassischen Wildbraten ein tolles Geschmackserlebnis!

2 kg Hirschkalbsbraten (aus der Keule, ohne Knochen)
5 EL Öl | 100 g weiche Butter
1 Portion Wildwürzmischung (Rezept s. Innenklappe hinten)
Salz
400 ml Wildfond (aus dem Glas oder Rezept S. 8)
250 ml Rotwein | 1 EL Speisestärke
3 EL Cassislikör (Schwarzer Johannisbeerlikör; ersatzweise 1 EL Johannisbeergelee)
Pfeffer

Für 8–10 Personen
⏱ 1 Std. 30 Min. Zubereitung | 2 Std. Garen
Bei 10 Portionen ca. 383 kcal, 41 g EW, 21 g F, 3 g KH

1 Das Fleisch von Sehnen und Häutchen befreien, mit 2 EL Öl einreiben, mit Küchengarn über Kreuz in Form binden und beiseitestellen. Die Butter mit der vorbereiteten Gewürzmischung verrühren.

2 Den Backofen auf 125° vorheizen. Das Fleisch salzen. Das restliche Öl bei starker Hitze in einem Bräter erhitzen. Den Braten hineinlegen, die Temperatur auf mittlere Hitze zurückschalten und in 8–10 Min. rundherum braun anbraten. Wildfond und Rotwein angießen und erhitzen. Braten mit ⅓ der Gewürzbutter bestreichen. Im Ofen (unten, Umluft nicht empfehlenswert) zugedeckt ca. 2 Std. garen. Dabei mehrmals mit der restlichen Gewürzbutter bestreichen, bis diese aufgebraucht ist.

3 Den Braten aus dem Bräter nehmen, fest in Alufolie einwickeln und im ausgeschalteten Backofen ca. 10 Min. ruhen lassen, dabei einmal wenden. Den Bratenfond durch ein Sieb in einen Topf passieren, aufkochen. Speisestärke mit einem Schuss kaltem Wasser anrühren, in die kochende Flüssigkeit rühren und 2–3 Min. einkochen, bis die Sauce bindet. Sauce mit Likör, Salz und Pfeffer abschmecken und zum aufgeschnittenen Braten reichen.

UND DAZU? – CRANBERRY-BIRNEN-KOMPOTT
12 getrocknete Soft-Pflaumen in 150 ml Rotwein einweichen. 3 mittelgroße reife Birnen (z. B. Williams Christ) schälen, vierteln, das Kerngehäuse entfernen und die Viertel in Spalten schneiden. In einem Topf 2 EL Puderzucker hell karamellisieren. Mit 330 ml Preiselbeersaft (Direktsaft, aus dem Reformhaus) und den Pflaumen samt Rotwein ablöschen. Birnen dazugeben, aufkochen und offen bei kleiner Hitze 4–6 Min. dünsten. Inzwischen 375 g Cranberrys waschen (oder TK-Beeren verwenden). Birnen und Zwetschgen mit einem Schaumlöffel abschöpfen. Cranberrys im Kochsud offen ca. 2 Min. dünsten – sie dürfen aufplatzen, aber nicht matschig werden. Cranberrys abschöpfen. 1 Päckchen Puddingpulver mit 50 ml Rotwein anrühren, in den heißen Saft rühren und 2–3 Min. einkochen, bis die Sauce bindet. 3 EL Cassislikör (Schwarzer Johannisbeerlikör), 1 Tütchen Vanillezucker und die gesamten Früchte unterheben. In einer Schüssel abkühlen lassen. Um Zeit zu sparen, das Kompott schon einen Tag zuvor vorbereiten.

für Gäste | würzig

Hirschkalbsrücken mit Zwetschgen

Wenn im August die Hirschjagd beginnt, findet man auf dem Markt die ersten Zwetschgen. Sie sind länglicher und aromatischer als die artverwandte Pflaume.

250 ml Glühwein (Fertigprodukt oder roter Portwein)

3 EL Schwarzes Johannisbeergelee

2 EL Olivenöl

1 Msp. Lebkuchengewürz

1,6 kg ausgelöster Hirschkalbsrücken (2 Filets à 800 g; Knochen mitgeben lassen)

1 Portion Wildfond (s. Rezept S. 8; am besten am Vortag zubereiten; nach Belieben mit ½ Bio-Orange und ½ Saucenlebkuchen)

Salz | frisch gemahlener Pfeffer

2 EL Butterschmalz | 400 g Zwetschgen

1 Vanillestange | 2 EL Zucker

50 ml Orangenlikör (ersatzweise Orangensaft)

2 EL Aceto balsamico

Für 8 Personen | ⏱ 45 Min. Zubereitung
4 Std. Marinieren | ca. 35 Min. Garen
Pro Portion ca. 370 kcal, 42 g EW, 12 g F, 15 g KH

1 Wein, Gelee, Öl und Gewürz in einem Topf unter Rühren erhitzen, bis sich das Gelee aufgelöst hat, abkühlen lassen. Den Hirschkalbsrücken von Häutchen befreien und mit der abgekühlten Marinade in einen Gefrierbeutel geben, verschließen, Zutaten gut mischen und bei Raumtemperatur ca. 4 Std. marinieren. Zwischenzeitlich (oder bereits am Vortag) einen Wildfond, wie im Rezept auf Seite 8 beschrieben, kochen. Nach Belieben zusätzlich ½ in Stücke geschnittene Bio-Orange und ½ geriebenen Saucenlebkuchen zugeben und mitkochen.

Den fertigen Fond bei großer Hitze in 30–40 Min. offen auf die Hälfte einkochen lassen.

2 Den Backofen auf 125° vorheizen. Die Filets aus der Marinade nehmen, trocken tupfen und mit Salz und Pfeffer würzen. Marinade bei großer Hitze offen um die Hälfte einkochen. Schmalz in einer Pfanne erhitzen, Fleisch darin bei mittlerer Hitze in 5–7 Min. rundherum anbraten. Je ein Filet auf ein Stück Alufolie legen, mit Glühweinmarinade bepinseln und fest einwickeln. Auf dem Rost im Ofen (Mitte, Umluft nicht empfehlenswert) in 30–35 Min. rosa garen, dabei das Fleisch einmal wenden.

3 Inzwischen Zwetschgen waschen und entkernen. Vanillestange längs halbieren, Mark herauskratzen und mit Zwetschgen und Zucker mischen. Bratfett erhitzen und die Zwetschgen darin 3–4 Min. karamellisieren. Mit Likör und Essig ablöschen. Offen bei kleiner Hitze in 3–5 Min. dicklich einköcheln. Die Sauce erhitzen, evtl. noch übrige Marinade einrühren und 2–3 Min. kochen lassen. Das Fleisch in Scheiben schneiden und mit Sauce und glasierten Zwetschgen anrichten.

UND DAZU? – SELLERIEPÜREE

1 kg Knollensellerie schälen, grob würfeln und in einem großen Topf mit 200 ml Milch und 200 ml Wasser zugedeckt in 20–25 Min. weich garen. Mit einem Pürierstab pürieren. 150 g Sahne unterrühren, nochmals erwärmen und mit Salz, Pfeffer, frisch geriebener Muskatnuss und einer Prise Zimtpulver würzen.

Sonntagsbraten

Gefüllte Rehkeule

Eine hohl ausgelöste Keule hat Platz für eine leckere Füllung. Sie macht zartes Rehfleisch noch aromatischer, kann eine Beilage allerdings nicht ersetzen.

Für den Braten:
1 hohl ausgelöste Rehkeule (s. S. 7; ca. 2 kg;
beim Wildhändler vorbestellen und zerkleinerte
Knochen für die Sauce mitgeben lassen)
1 Bio-Orange | 2 Nelken
10 Wacholderbeeren | 125 ml Öl
Für die Füllung:
200 g Rehfleisch | Salz
100 g grüner Speck (ungeräucherter roher
Rückenspeck vom Schwein)
4 Frühlingszwiebeln
1 EL Butter
125 g geräucherter Schinkenspeck
2 EL Thymianblättchen
frisch gemahlener Pfeffer
Für die Sauce:
1 Bund Suppengemüse
400 ml Wildfond (aus dem Glas oder Rezept S. 8)
½ EL Speisestärke
1 EL Preiselbeeren (aus dem Glas)

Für 8 Personen | ⊚ 35 Min. Zubereitung
4 Std. Marinieren | 1 Std. 30 Min. Garen
Pro Portion ca. 560 kcal, 63 g EW, 32 g F, 3 g KH

1 Rehkeule von Häutchen befreien. Orange heiß abwaschen, abtrocknen, Schale abreiben und Saft auspressen. Gewürze im Mörser andrücken und mit Fleisch, Orangensaft und -schale und 100 ml Öl in einen Gefrierbeutel geben, verschließen, Zutaten mischen und bei Raumtemperatur 4 Std. marinieren.

2 Für die Füllung das Rehfleisch von Häutchen befreien, salzen, mit dem Speck grob würfeln und im Blitzhacker pürieren. Frühlingszwiebeln waschen, putzen und in feine Ringe schneiden. Schinkenspeck fein würfeln und mit Butter in einer Pfanne erhitzen. Frühlingszwiebeln dazugeben und bei mittlerer Hitze 2–3 Min. dünsten, kurz abkühlen lassen. Fleischmasse, Thymian und Zwiebel-Speck-Mischung verkneten, mit Salz und Pfeffer würzen.

3 Backofen auf 180° vorheizen. Suppengemüse waschen, putzen, bei Bedarf schälen und grob würfeln. Das Fleisch aus der Marinade nehmen, trocken tupfen, Gewürze entfernen. Die Keule auf einer Seite mit Küchengarn zunähen, die Füllung hineingeben (Bild 1), Öffnung ebenfalls zunähen. Dafür die Öffnung zuerst mit Spießen fixieren (Bild 2). Das restliche Öl in einem Bräter erhitzen, Keule darin bei starker Hitze in 3–5 Min. rundherum anbraten. Erst Knochen, dann Gemüse zufügen und je ca. 2 Min. anrösten. Fond und Marinade angießen, aufkochen. Im Ofen zugedeckt (unten, Umluft 160°) 1 Std. 30 Min. braten. Öfter mit Bratenfond begießen.

4 Braten in Alufolie wickeln und warm halten. Bratenfond durch ein Sieb in einen Topf passieren, aufkochen. Speisestärke mit einem Schuss kaltem Wasser anrühren, in die kochende Flüssigkeit rühren und 2–3 Min. einkochen, bis die Sauce bindet. Mit Salz, Pfeffer und Preiselbeeren abschmecken. Die Keule vom Küchengarn befreien, aufschneiden und mit Sauce servieren (Bild 3).

saugut

Glasierter Wildrücken

2 Frischlingsrückenfilets (à 400 g)
100 ml Olivenöl | 4 Knoblauchzehen
Salz | frisch gemahlener Pfeffer
250 ml Cassislikör (Schwarzer Johannisbeerlikör)
2 EL Orangenmarmelade
1 TL Honig (z. B. Waldhonig)
200 ml Aceto balsamico
400 ml Wildfond (aus dem Glas oder Rezept S. 8)
1 TL Speisestärke

Für 4 Personen | ⊕ 20 Min. Zubereitung
2 Std. marinieren | 1 Std. Garen
Pro Portion ca. 610 kcal, 39 g EW, 31 g F, 25 g KH

1 Das Fleisch von Häutchen befreien, mit 50 ml Öl, geschältem und gehacktem Knoblauch in einen Gefrierbeutel geben, verschließen, Zutaten mischen und bei Raumtemperatur 2 Std. marinieren.

2 Backofen samt einer ofenfesten Form auf 100° vorheizen. Fleisch aus der Marinade nehmen, trocken tupfen, salzen und pfeffern. Restliches Öl in einer Pfanne erhitzen, darin die Filets bei starker Hitze in 3–4 Min. rundherum anbraten, in die Form legen. 2 EL Likör, Marmelade und Honig verrühren. Das Fleisch damit bepinseln. Im Ofen (Mitte, Umluft nicht empfehlenswert) offen 60–65 Min. garen.

3 Inzwischen den Essig in einem Topf bei mittlerer Hitze offen in 3–5 Min. auf etwa die Hälfte einköcheln. Fond und restlichen Likör zufügen, nochmals in 3–5 Min. auf die Hälfte einköcheln. Speisestärke mit wenig kaltem Wasser anrühren, in die kochende Flüssigkeit rühren, 2–3 Min. einkochen, bis die Sauce bindet, abschmecken. Fleisch aufschneiden und mit Sauce servieren.

würzig

Schulter mit Wurzelgemüse

1 Frischlingsschulter (ca. 1,6 kg mit Knochen)
1 Knoblauchzehe
1 EL Rosmarinnadeln
je 1 TL schwarze Pfeffer- und Korianderkörner
1 Msp. Chilipulver | 4 EL Öl | Salz
400 ml Wildfond (aus dem Glas oder Rezept S. 8)
300 ml Rotwein | 1 EL Tomatenmark
je 250 g kleine Petersilienwurzeln und Möhren
6 Schalotten
1 EL Speisestärke

Für 6 Personen | ⊕ 30 Min. Zubereitung
4 Std. Marinieren | 1 Std 30 Min. Garen
Pro Portion ca. 530 kcal, 46 g EW, 31 g F, 10 g KH

1 Fleisch von Häutchen befreien. Knoblauch schälen und mit Rosmarin fein hacken. Gewürzkörner im Mörser zerdrücken und mit Rosmarin, Knoblauch, Chilipulver, Öl und Salz verrühren. Schulter mit der Paste einreiben, in Frischhaltefolie wickeln und bei Raumtemperatur 4 Std. marinieren.

2 Backofen samt Bräter auf 220° vorheizen. Fleisch aus der Folie nehmen und in den Bräter legen. Fond, Wein und Tomatenmark seitlich dazugeben. Im Ofen (unten, Umluft 200°) offen ca. 30 Min. garen. Inzwischen Petersilienwurzeln und Möhren waschen, putzen, schälen, Schalotten schälen. Gemüse zum Braten geben und zugedeckt bei 180° (Umluft 160°) 1 weitere Std. garen. Braten und Gemüse herausnehmen, warm stellen. Bratenfond aufkochen. Stärke mit wenig kaltem Wasser anrühren, in die kochende Flüssigkeit rühren, 2–3 Min. einkochen, bis die Sauce bindet, abschmecken. Fleisch aufschneiden und mit Gemüse und Sauce servieren.

oben: Glasierter Wildrücken | unten: Schulter mit Wurzelgemüse

Zum Gebrauch
Damit Sie Rezepte mit bestimmten Zutaten noch schneller finden können, stehen in diesem Register zusätzlich auch beliebte Zutaten wie **Birne** oder **Pilze** ebenfalls alphabetisch geordnet und **hervorgehoben** – über den entsprechenden Rezepten.

Unsere Garantie

Alle Informationen in diesem Ratgeber sind sorgfältig und gewissenhaft geprüft. Sollte dennoch einmal ein Fehler enthalten sein, schicken Sie uns das Buch mit dem entsprechenden Hinweis an unseren Leserservice zurück. Wir tauschen Ihnen den GU-Ratgeber gegen einen anderen zum gleichen oder ähnlichen Thema um.

Liebe Leserin und lieber Leser,

wir freuen uns, dass Sie sich für ein GU-Buch entschieden haben. Mit Ihrem Kauf setzen Sie auf die Qualität, Kompetenz und Aktualität unserer Ratgeber. Dafür sagen wir Danke! Wir wollen als führender Ratgeberverlag noch besser werden. Daher ist uns Ihre Meinung wichtig. Bitte senden Sie uns Ihre Anregungen, Ihre Kritik oder Ihr Lob zu unseren Büchern. Haben Sie Fragen oder benötigen Sie weiteren Rat zum Thema? Wir freuen uns auf Ihre Nachricht!

Wir sind für Sie da!
Montag–Donnerstag: 8.00–18.00 Uhr;
Freitag: 8.00–16.00 Uhr
Tel.: 0180-5 00 50 54*   *(0,14 €/Min. aus
Fax: 0180-5 01 20 54*   dem dt. Festnetz/
E-Mail: Mobilfunkpreise
                          maximal 0,42 €/Min.)
leserservice@graefe-und-unzer.de

P.S.: Wollen Sie noch mehr Aktuelles von GU wissen, dann abonnieren Sie doch unseren kostenlosen GU-Online-Newsletter und/oder unsere kostenlosen Kundenmagazine.

GRÄFE UND UNZER VERLAG
Leserservice
Postfach 86 03 13
81630 München

© 2011
GRÄFE UND UNZER VERLAG GmbH, München

Projektleitung: Tanja Dusy
Lektorat: Stephanie Schönemann
Korrektorat: Mischa Gallé
Layout, Typografie und Umschlaggestaltung: independent Medien-Design, Horst Moser, München
Satz: Liebl Satz+Grafik, Emmering
Herstellung: Christine Mahnecke
Reproduktion: Repro Ludwig, Zell am See
Druck: Firmengruppe APPL, aprinta druck, Wemding
Bindung: Firmengruppe APPL, sellier druck, Freising

ISBN 978-3-8338-2259-9

1. Auflage 2011

Umwelthinweis

Dieses Buch ist auf PEFC-zertifiziertem Papier aus nachhaltiger Waldwirtschaft gedruckt. Um Rohstoffe zu sparen, haben wir auf Folienverpackung verzichtet.

Ein Unternehmen der
GANSKE VERLAGSGRUPPE

Die Autorin

Sabine Freifrau von Imhoff leitete nach ihrer Ausbildung zur Hauswirtschaftsleiterin zunächst ein Schulungszentrum für Herde und Mikrowellengeräte. Später schrieb die Mutter von drei Kindern mehrere Kochbücher zu verschiedenen Themen. Da ihr Mann Jäger ist, hat sie eine ganz besondere Affinität zur Wildküche, die sie in diesem Buch mit tollen Rezeptideen und einem großen Know-how zum Thema Wild unter Beweis stellt.

Der Fotograf

Jörn Rynio zählt zu seinen Auftraggebern internationale Zeitschriften, namhafte Buchverlage und Werbeagenturen. Mit einer großen Portion Kreativität und appetitanregendem Styling setzt der Hamburger Fotograf Food-Spezialitäten stimmungsvoll in Szene. Tatkräftig unterstützt wird er von seinen Stylistinnen Petra Speckmann (Food) und Michaela Suchy (Requisite).

Bildnachweis

EISING STUDIO · Food Photo & Video/ Martina Görlach
alle anderen: Jörn Rynio, Hamburg

Syndication

www.jalag-syndication.de

Titelbildrezept

Rehrücken mit karamellisierten Birnen, Seite 51

Die Temperaturangaben bei Gasherden variieren von Hersteller zu Hersteller. Welche Stufe Ihres Herdes der jeweils angegebenen Temperatur entspricht, entnehmen Sie bitte der Gebrauchsanweisung. Bei Elektroherden können die Backzeiten je nach Herd variieren.

Kochlust pur

Die neuen KüchenRatgeber – da steckt mehr drin

Kürbis — ISBN 978-3-8338-0864-7 · 64 Seiten

Lieblings-Weihnachts-plätzchen — ISBN 978-3-8338-2110-3 · 64 Seiten

Saucen — ISBN 978-3-8338-0327-7 · 64 Seiten

Salate — ISBN 978-3-8338-0326-0 · 64 Seiten

Fisch — ISBN 978-3-8338-0306-2 · 64 Seiten

Südtiroler Küche — ISBN 978-3-8338-2011-3 · 64 Seiten

Änderungen und Irrtum vorbehalten

Das macht sie so besonders:

- **Neue mmmh-Rezepte** – unsere beste Auswahl für Sie
- **Praktische Klappen** – alle Infos auf einen Blick
- **Die 10 GU-Erfolgstipps** – so gelingt es garantiert

G|U

Willkommen im Leben.

Wild(e) Begleiter

Gebackene Rote Beten

Gebratener Kürbis

Linsengemüse

Gebackene Rote Beten

Für 6 Personen: 150 ml Orangensaft in einen hohen Topf gießen. 1 Vanilleschote längs aufschneiden, das Mark herauskratzen, mit der Schote, den Samen, 1 Kardamomkapsel und 75 g Zucker zum Saft geben. Offen bei mittlerer Hitze in 15–20 Min. sirupartig einkochen. Inzwischen eine Auflaufform mit Alufolie so auslegen, dass sich diese über der Form verschließen lässt. Den Ofen auf 220° vorheizen. 1 kg kleine Rote Beten waschen, mit Küchenhandschuhen schälen und in die Form legen. Mit dem Orangensirup übergießen und 6 Zweige gewaschenen Zitronenthymian zufügen. Die Folie über den Roten Beten fest verschließen. Im Ofen (unten, Umluft 200°) 60–70 Min. garen. Die Roten Beten mit Meersalz und frisch gemahlenem schwarzen Pfeffer würzen.

Gebratener Kürbis

Für 4 Personen: 1 kg Butternuss- oder Hokkaido-Kürbis waschen, schälen, halbieren, die Kerne entfernen, Kürbis vierteln und in etwa 3 mm breite Scheiben schneiden. Spalten in einer Pfanne portionsweise in je ½ EL heißem Olivenöl in je 3–4 Min. goldbraun braten. Mit Salz und Pfeffer würzen und zum Fleisch servieren. Mit 2 EL Aceto balsamico und 1 Bund gehackte Petersilie vermischt werden die Kürbisspalten zum lauwarmen Salat.

Linsengemüse

Für 4 Personen: 200 g Linsen in einem Sieb kalt abbrausen. In 1 l Gemüsebrühe zugedeckt bei kleiner Hitze 20–25 Min. garen. Inzwischen 75 g Senfgurken (aus dem Glas) fein würfeln. 4 Sardellenfilets in Öl, 1 TL Kapern und 1 geschälte Knoblauchzehe sehr fein hacken und mit den Senfgurken und 2 EL Aceto balsamico mischen und beiseitestellen. Je 200 g Möhren und Staudensellerie waschen, putzen, bei Bedarf schälen und in ½ cm große Würfel schneiden. 1 EL Butter mit 1 EL Zucker in einem Topf erhitzen und das Gemüse darin zugedeckt bei kleiner Hitze 5–7 Min. dünsten. Linsen abgießen, mit Senfgurken und gedünstetem Gemüse mischen, salzen und pfeffern.